Grundschule

Gabriela Rosenwald

Lapbooks NaWi

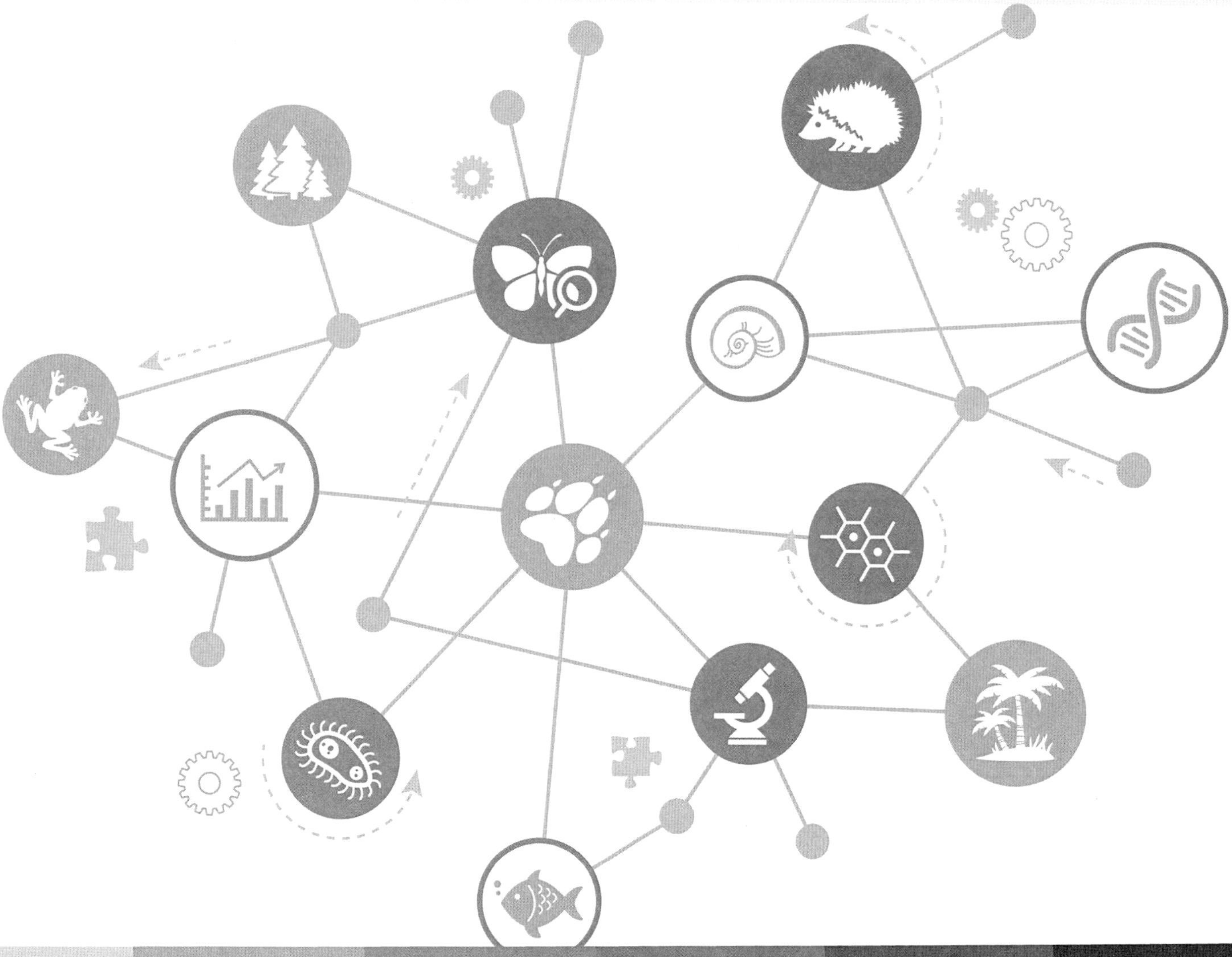

Naturwissenschaftliche Themen kreativ erarbeiten

www.kohlverlag.de

Lapbooks NaWi

Naturwissenschaftliche Themen kreativ erarbeiten

1. Auflage 2024

Idee und Text: Gabriela Rosenwald
Coverbilder: © j-mel – AdobeStock.com
Redaktion: Kohl-Verlag
Grafik & Satz: Kohl-Verlag
Druck: Druckerei Flock, Köln

Bestell-Nr. 12 879

ISBN: 978-3-98558-285-3

Inhalt

Mein Lapbook Biologie

Mein Lapbook Chemie

Mein Lapbook Physik

Lapbooks NaWi
Naturwissenschaftliche Themen kreativ erarbeiten – Bestell-Nr. 12 879

Inhalt

Mein Lapbook Astronomie

Vorwort

Das Arbeitsheft ist vorgesehen zum Einsatz in der Grundschule in den Klassen 3 und 4. Die Arbeitsblätter enthalten mehrere Lapbooks als Bastelvorlagen zum Thema "Naturwissenschaften". Optimales Freiarbeitsmaterial zum selbstständigen Arbeiten!

Dazu gewinnen die Kinder erste Einblicke in die Naturwissenschaften.

Im Sachunterricht sind die Kinder immer bereit zu basteln, und dafür eignen sich Lapbooks ganz hervorragend. Bereits beim Ausschneiden und Zusammenkleben der Teile, wie Taschen für Kärtchen, kleine Mäppchen zum Aufklappen ... ist einerseits Geschicklichkeit, aber auch Nachdenken erforderlich, z. B. müssen Merksätze und Zeichnungen ergänzt werden. Und natürlich können die Kinder auch weitere Ideen einbringen, Fotos, Zeichnungen oder Texte.

Viel Spaß mit diesen Vorlagen wünschen

Der Kohl-Verlag und

Gabriela Rosenwald

Arbeitspass

Name: ______________________

Klasse: __________

Seite	Thema	begonnen	erledigt

KOHL VERLAG Lernen mit Erfolg
Lapbooks NaWi
Naturwissenschaftliche Themen kreativ erarbeiten – Bestell-Nr. 12 879

Materialliste, Lapbook basteln

Was brauchst du für 1 Lapbook?

- Schere, für runde Formen evtl. eine Nagelschere
- Klebstoff
- 1 Papiermappe oder 1 buntes DIN A3 Papier
- Verschiedene Stifte, z. B. Bunt-, Faser-, Wachsmalstifte (+ weißer Stift)
- Büroklammern
- 1 Klarsichthülle (um angefangene Papierteile sicher aufzubewahren)
- Sticker, Stanzteile, Bilder ... alles, was zum jeweiligen Thema passt, zum Verzieren

So gestaltest du dein Lapbook

1. Variante

- Suche dir einen farbigen Fotokarton in der Größe DIN A3.
- Falte den Karton in der Mitte und klappe ihn wieder auseinander.
- Schon hast du ein Lapbook! Du kannst nun das Titelbild aufkleben und den Inhalt gestalten und einkleben. Überlege gut, bevor du den Innenteil befestigst.

2. Variante

- Nimm wieder einen farbigen Fotokarton (DIN A3).
- Falte den Karton in der Mitte und klappe ihn wieder auseinander.
- Falte nun die beiden äußeren Teile noch einmal zur Mitte. Nun sind 3 Knicke entstanden.
- Du kannst jetzt ein farbiges DIN A4 Blatt in die Mitte kleben. Dann klappst du die Seitenteile zu. Dein Lapbook ist fertig!
- Das Titelbild teilst du in der Mitte und klebst es auf.

Lapbook erweitern

Lapbook – Variationen

Wenn der Platz nicht reicht, weil du noch mehr erfahren hast oder einige Bilder einfügen möchtest: Dann wird dein Lapbook einfach erweitert!

Du kannst oben und unten, rechts und links weitere Klappen ankleben. Am besten klebst du die Klappen mit einem breiten Klebestreifen fest.

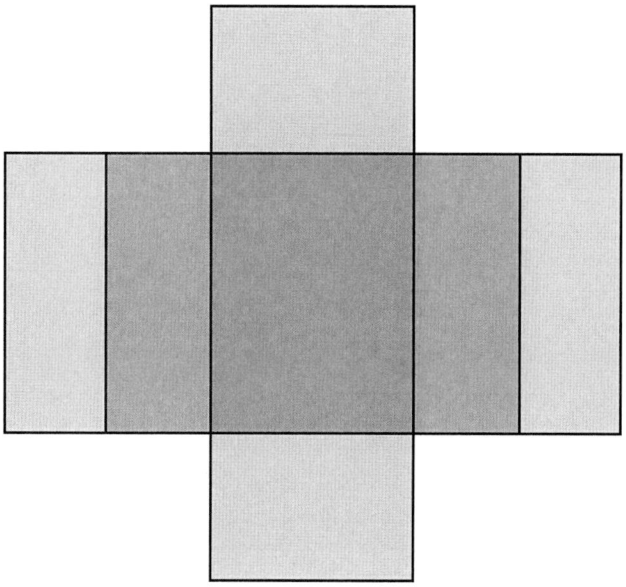

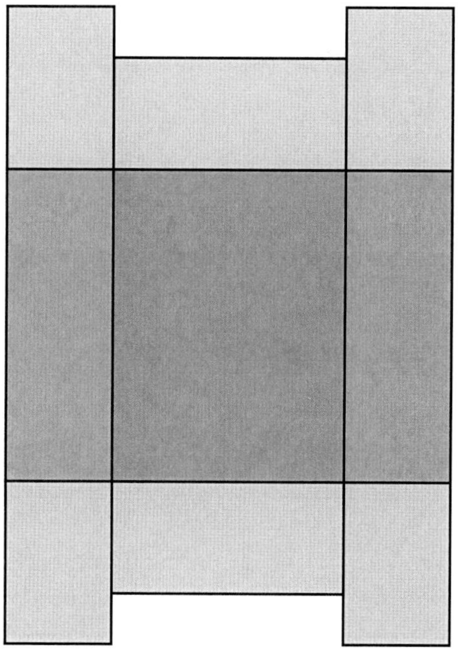

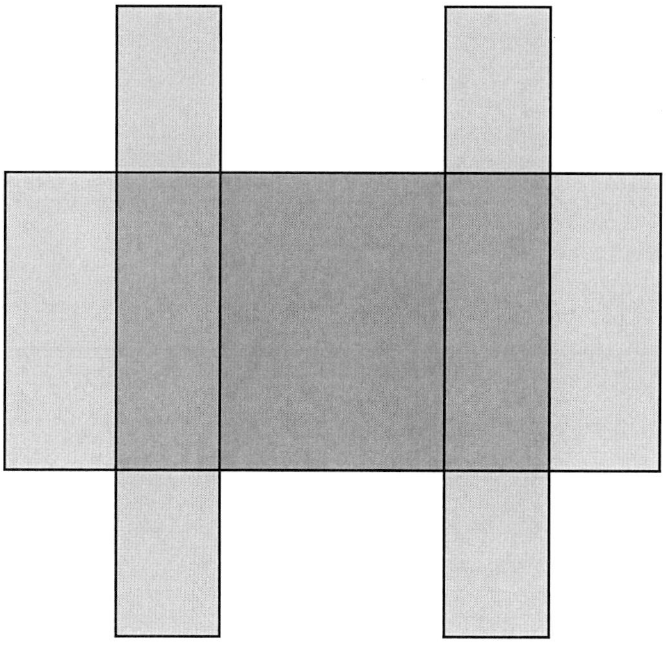

Lapbooks NaWi
Naturwissenschaftliche Themen kreativ erarbeiten – Bestell-Nr. 12 879

Mein Lapbook Biologie

Name: ______________________

Biologie – Überblick

Biologie ist die Wissenschaft von den Lebewesen. Das Wort Biologie besteht aus zwei griechischen Wörtern: „bios" bedeutet „Leben" und „logos" ist die Lehre, Wissenschaft. Biologen beschäftigen sich mit Tieren, Pflanzen, kleinsten Lebewesen wie Bakterien und dem Menschen. So können sie eingeteilt werden:

- In der **Zoologie** beschäftigt man sich mit Tieren. Die Anthropologie ist ein Sondergebiet der Zoologie, in dem man sich mit dem Menschen beschäftigt.
- Die **Botanik** hat die Pflanzen zum Thema.
- In der **Mikrobiologie** werden Bakterien und Protisten (Einzeller) behandelt.
- **Pilze** sind weder Tiere noch Pflanzen. Sie bilden eine eigene Gruppe.

Male in jedes der Kärtchen unten ein Beispiel und schneide es aus.
Schneide die Form auf der nächsten Seite aus. Klebe die Kärtchen auf die Rückseite der Bilder. Falte die Form nach innen.

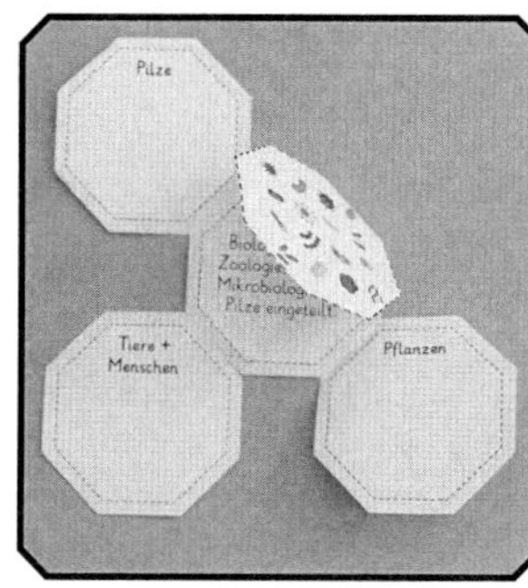

Pilze

Protisten
+ Bakterien

Tiere +
Menschen

Pflanzen

KOHL VERLAG Lapbooks NaWi
Naturwissenschaftliche Themen kreativ erarbeiten – Bestell-Nr. 12 879

Biologie – Überblick

Dieses Achteck klebst du in die Mitte der Form.

Biologie wird in Zoologie, Botanik, Mikrobiologie und Pilze eingeteilt.

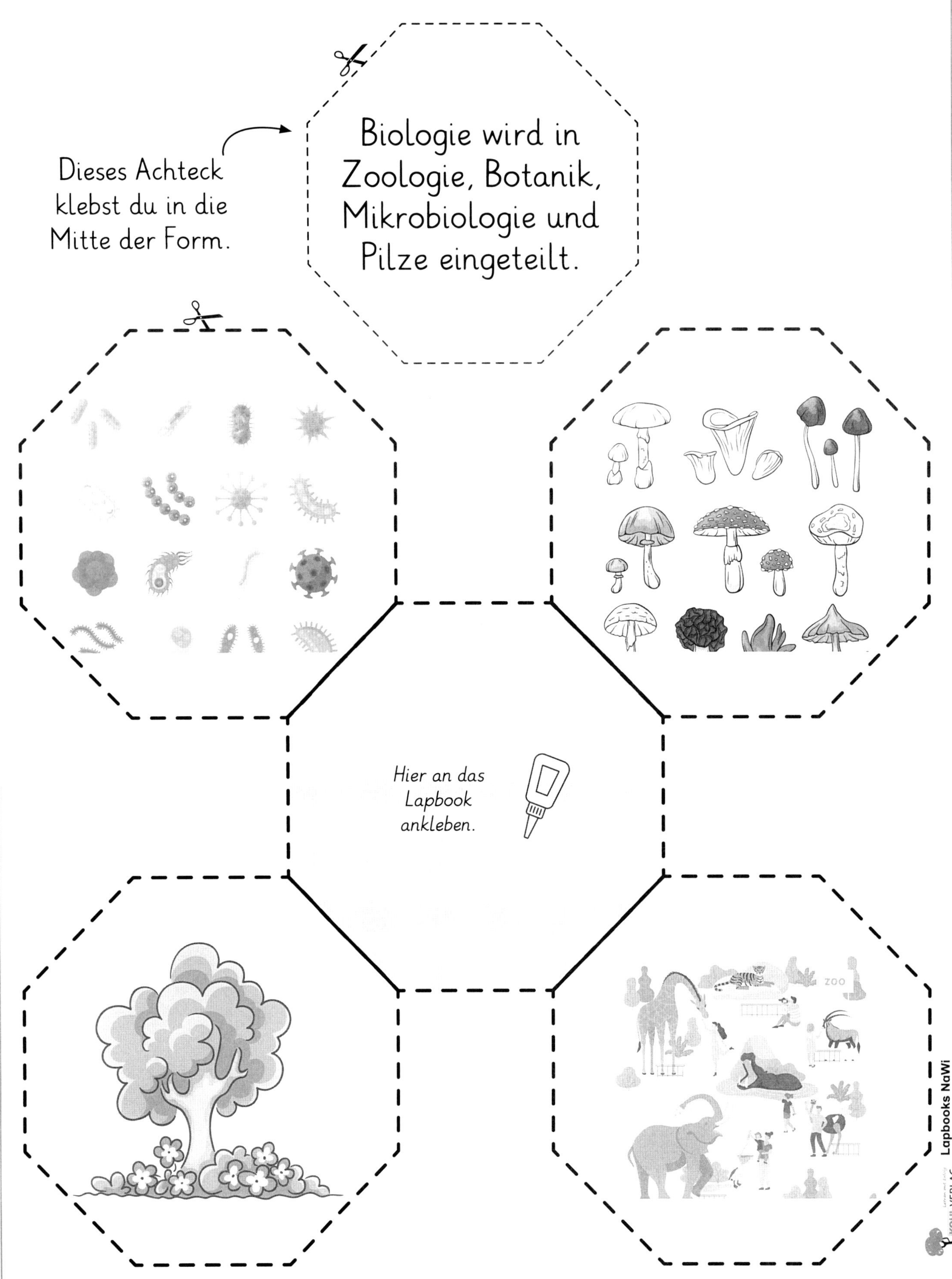

KOHL VERLAG

Verschiedene Tiere – gleichwarm und wechselwarm

Säugetiere (auch Menschen) und **Vögel** gehören zu den gleichwarmen Tieren. Ihre Körpertemperatur ist immer gleich.

Fische, Amphibien (Lurche – Frösche), **Reptilien** (Kriechtiere – Schlangen), **Insekten und wirbellose Tiere** zählen zu den wechselwarmen Tieren. Ihre Körpertemperatur passt sich der Umgebung an.

Setze die Tierarten in die Form auf der nächsten Seite ein.
Schneide dann die Form aus und knicke die Sechsecke nach vorne.
Dann klebst du die Tierbilder hinter die richtigen Texte. Das freie Feld hinter dem Bild in der Mitte klebst du an dein Lapbook.

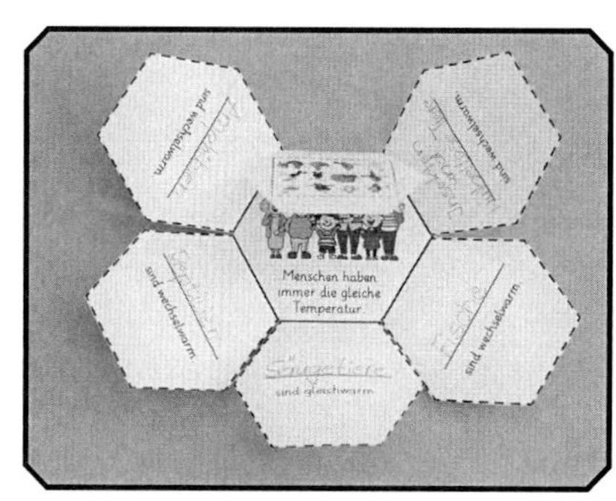

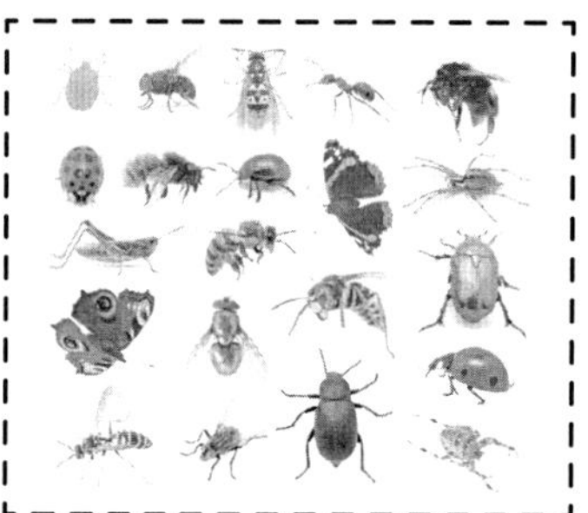

Lösungen:
gleichwarm: Säugetiere, Vögel
wechselwarm: Amphibien, Reptilien, Fische, Insekten und wirbellose Tiere

KOHL VERLAG
Lapbooks NaWi
Naturwissenschaftliche Themen kreativ erarbeiten – Bestell-Nr. 12 879

Verschiedene Tiere – gleichwarm und wechselwarm

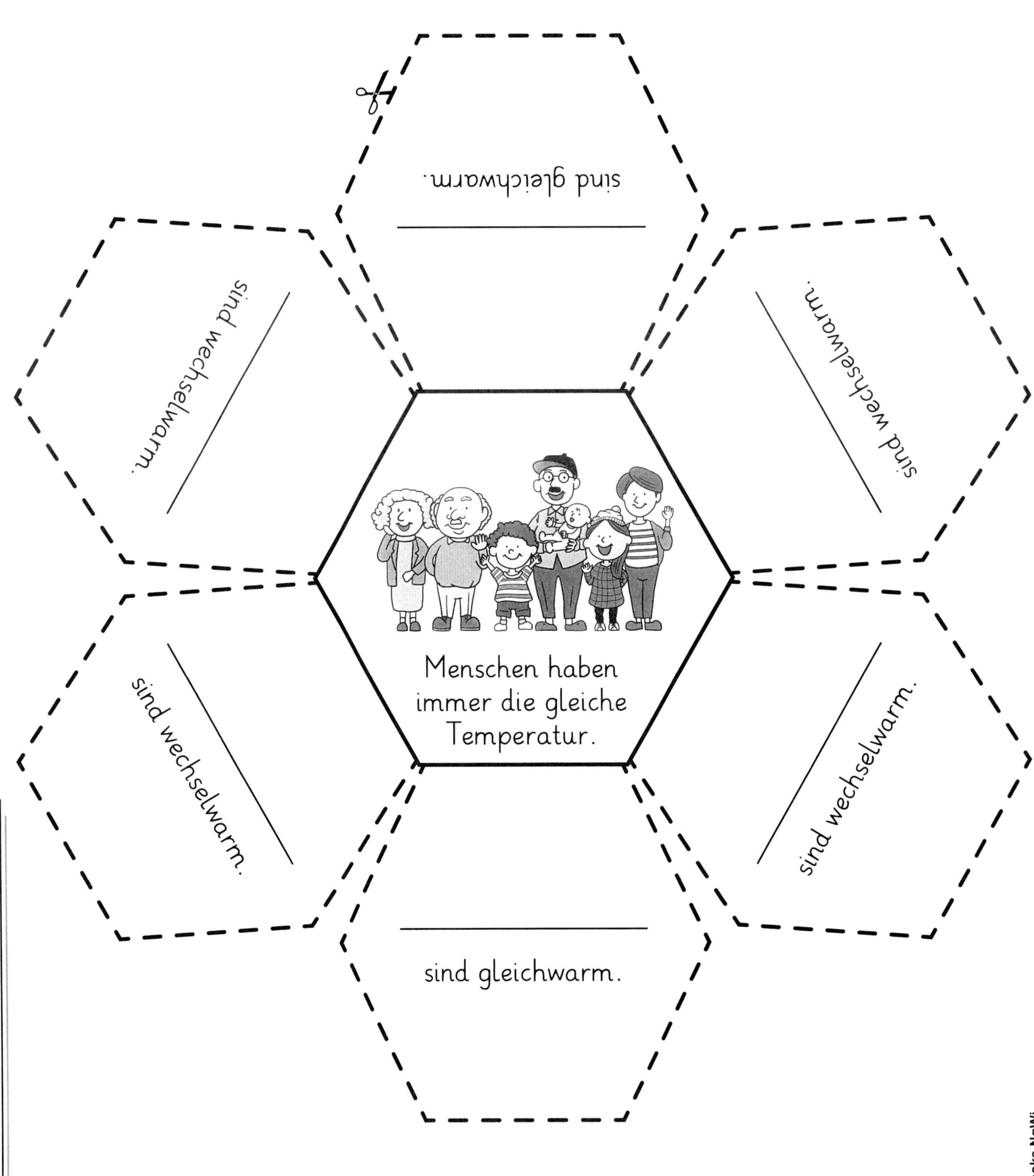

Der Mensch – Körperteile

Schneide die Form aus. Trage die Begriffe richtig ein. Knicke die Form dann an den punktierten Linien nach vorne. Bringe auf den freien „Flügeln" noch die zwei unteren Bilder an.

Setze die folgenden Wörter passend ein:

Mund • Schulter • Bauch • Knöchel • Oberarm • Unterschenkel • Nase • Hals • Zehen • Scheide • Oberschenkel • Knie • Unterarm • Auge

Die Rückseite dieses Feldes an das Lapbook kleben

Lösung:

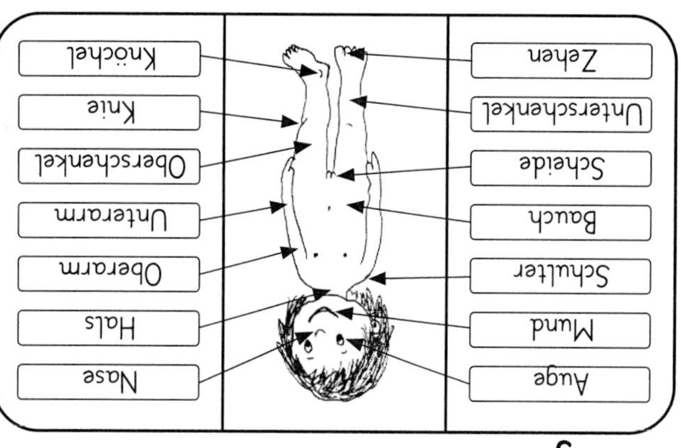

Der Mensch – Körperteile

Schneide die Form aus. Trage die Begriffe richtig ein. Knicke die Form dann an den punktierten Linien nach vorne. Bringe auf den freien „Flügeln" noch die zwei unteren Bilder an.

Setze die folgenden Wörter passend ein:

Oberarm • Knie • Hand • Fuß • Kopf • Zehen • Oberschenkel • Ellenbogen • Brust • Unterarm • Achsel • Penis und Hoden • Finger • Unterschenkel

Die Rückseite dieses Feldes an das Lapbook kleben

Lösung:

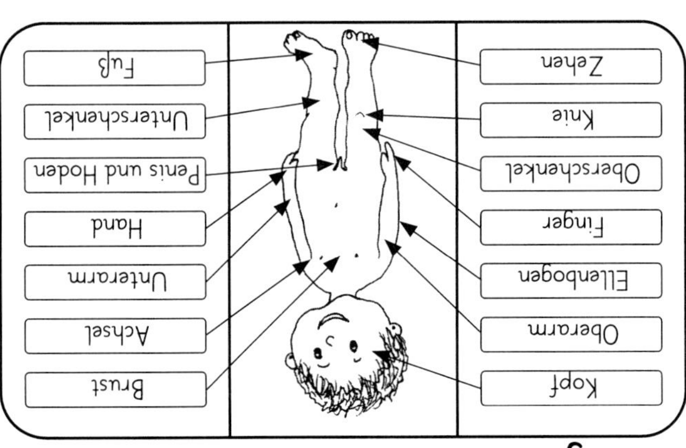

Die Sinne des Menschen

Schneide das Fünfeck auf der nächsten Seite und die 6 Kärtchen unten aus. Knicke das Fünfeck an den durchgezogenen Linien nach hinten. Ergänze die Texte und klebe sie richtig auf. Füge die Form in dein Lapbook ein.

Geruch • Sinnesorgan • Farben • Zunge • Musik • Riechzellen • hart • Sehnerv • Schallwellen • bitter

In unseren Augen ergeben Licht, __________ und Formen ein Bild auf der Netzhaut, das vom __________ ans Gehirn gesendet wird.

In der Nase gibt es Millionen von ______________. Sie senden Botschaften ans Gehirn, damit es den __________ zuordnet.

Geschmacksknospen auf der__________ verraten, ob etwas süß oder sauer, salzig oder _______ ist. Auch die Nase ist wichtig fürs Schmecken.

Die Ohrmuscheln fangen __________ auf. Der Hörnerv schickt die Signale ins Gehirn. Dort werden Töne zu __________ und Laute zu Wörtern verarbeitet.

Die Haut ist unser größtes ______________: Zahllose Nervenenden nehmen wahr, ob etwas kalt oder heiß, ________ oder weich, nass oder trocken ist.

Diesen Text auf das letzte freie Feld kleben:

Sehen, hören, riechen, schmecken und tasten – mit diesen 5 Sinnen nimmt ein Mensch seine Umgebung wahr.

Lapbooks NaWi
Naturwissenschaftliche Themen kreativ erarbeiten – Bestell-Nr. 12 879
KOHL VERLAG

Die Sinne des Menschen

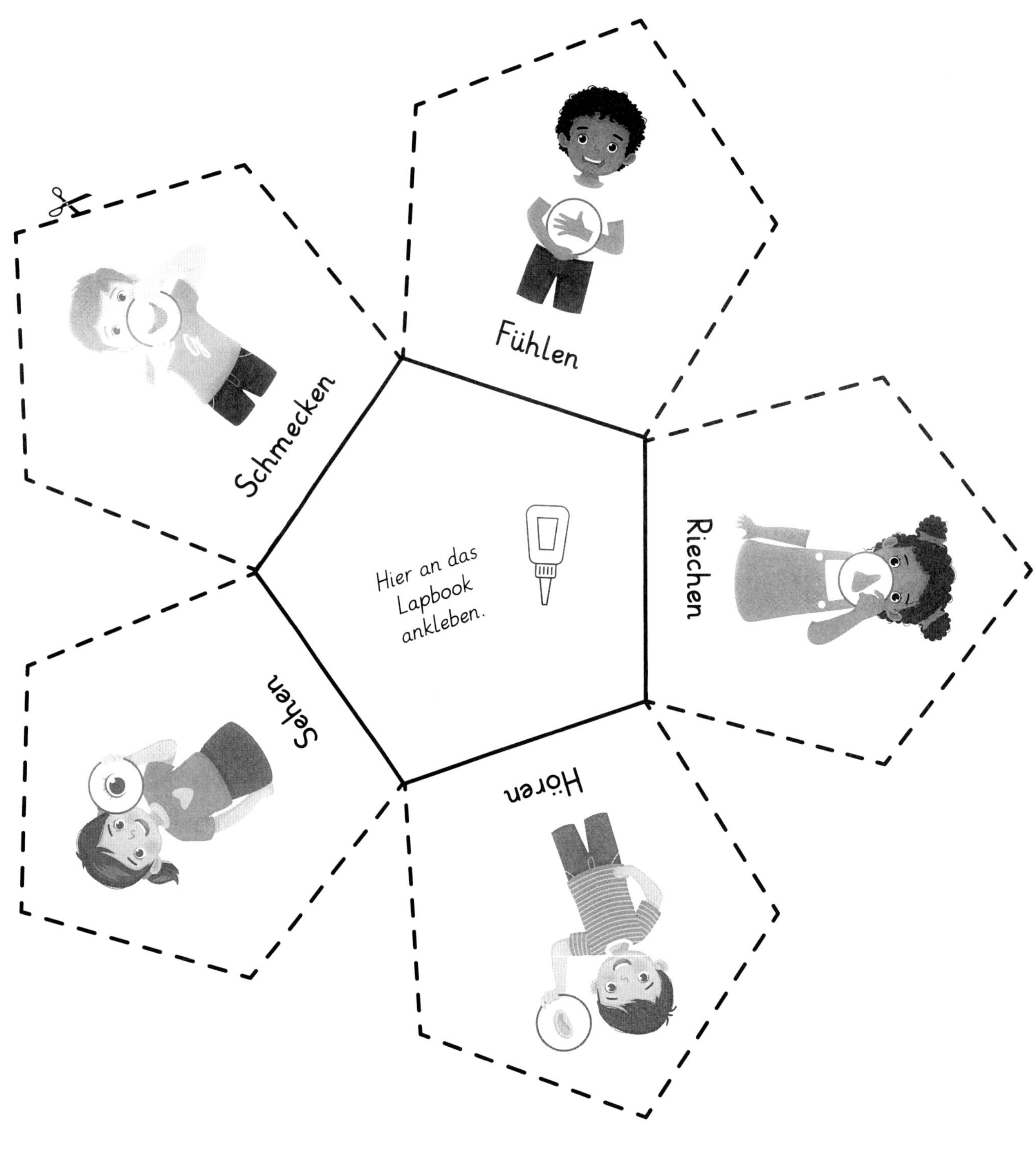

Lösungen:
Augen: Farben, Sehnerv
Nase: Riechzellen, Geruch
Zunge: Zunge, bitter
Haut: Sinnesorgan, hart
Ohren: Schallwellen, Musik

Säugetiere

Die meisten Säugetiere haben ein **Fell** und gebären **lebende Junge**. Diese werden zunächst mit **Muttermilch** gesäugt, woher sich der Begriff "Säugetier" erklärt. Auch die Menschen gehören zu den Säugetieren. Säugetiere haben eine **Wirbelsäule**. Ihr Körper hat eine **Temperatur**, die immer gleichbleibt.

Alle Säugetiere atmen über **Lungen**. Zu den Säugetieren gehören nicht nur Hunde, Pferde, Elefanten und Löwen, Hasen und Mäuse, sondern auch Wale und Delfine. Diese bringen ebenfalls lebendige Jungtiere zur Welt und säugen sie. Von allen Tierarten sind Säugetiere am höchsten entwickelt. Vor allem ihr Gehirn ist stark ausgeprägt.

Schneide die Kärtchen auf der nächsten Seite aus. Klebe sie an den grauen Feldern zusammen. Schreibe zu jedem fett gedruckten Wort im Text oben einen Satz hinter das richtige Bild. Nun klebe das Büchlein an dein Lapbook.

Lösungen:
Säugetiere bringen lebende Junge zur Welt.
Die meisten Säugetiere haben ein Fell.
Alle Säugetiere atmen über Lungen.
Sie haben immer eine gleichbleibende Temperatur.
Säugetiere haben eine Wirbelsäule.
Sie säugen ihre Jungen.

KOHL VERLAG Lapbooks NaWi Naturwissenschaftliche Themen kreativ erarbeiten – Bestell-Nr. 12 879

Säugetiere

Vögel – Nesthocker und Nestflüchter

Vögel besitzen eine gleichbleibende Körpertemperatur und eine Wirbelsäule, weswegen sie, wie die Säugetiere, zu den Wirbeltieren zählen. Vögel haben sich vor etwa 150 Millionen Jahren aus den Dinosauriern entwickelt. Anstelle des Fells besitzen Vögel Federn, mit denen die meisten Vogelarten auch fliegen können. Ihre Jungtiere schlüpfen aus Eiern und werden nicht gesäugt. Wir unterscheiden Nestflüchter und Nesthocker.

Nesthocker haben noch keine Federn, können ihre Augen noch nicht öffnen und sind vollständig auf die Pflege ihrer Eltern angewiesen.

Schlüpfen junge Vögel hingegen in einem Nest, das auf dem Boden gebaut wurde, besitzen sie schon Federn, können ihre Flügel bereits bewegen und die Augen sind geöffnet. Sie sind schon nach wenigen Stunden in der Lage, das Nest zu verlassen. Deswegen nennt man sie Nestflüchter.

Schneide die Form auf der nächsten Seite aus und knicke die Seitenteile nach hinten. Füge die Bilder in der Mitte ein und notiere jeweils einen Satz zu Nesthockern und Nestflüchtern auf den inneren Seitenklappen.

Lösungen:
- Nesthocker sind blind, haben keine Federn und sind vollständig auf die Pflege der Eltern angewiesen.
- Nestflüchter haben Federn, können sehen und das Nest nach wenigen Stunden verlassen.

KOHL VERLAG Lapbooks NaWi Naturwissenschaftliche Themen kreativ erarbeiten – Bestell-Nr. 12 879

Vögel – Nesthocker und Nestflüchter

NESTFLÜCHTER

Hier an das Lapbook ankleben.

NESTHOCKER

Singvögel

Vögel leben bei uns in der Stadt, im Dorf, in Gärten, Parks und Wäldern. Alle Singvögel sind Nesthocker, die von den Eltern gefüttert und betreut werden müssen.

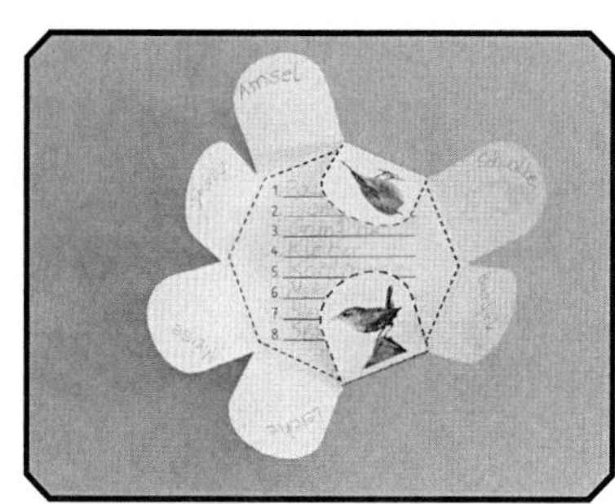

Schneide die Blüte mit ihren 8 Blütenblättern auf der nächsten Seite aus. Schreibe die richtigen Namen der Vögel auf die Rückseite.

Amsel • Spatz • Blaumeise • Lerche • Rotkehlchen • Zaunkönig • Buchfink • Schwalbe

Es gibt noch viel mehr Vogelarten. Du kannst sie aus den Silben zusammensetzen und in den unteren Kasten schreiben.

Bach – be – ber – Dom – dros – fink – Grün – Klei – Kohl – litz – mei – Mehl – pfaff – schwal – Sing – se – sel – stel – Stieg – ze

Diesen Text in die Mitte kleben:

1. ____________________
2. ____________________
3. ____________________
4. ____________________
5. ____________________
6. ____________________
7. ____________________
8. ____________________

Lösung Rätsel:
Dompfaff, Kleiber, Singdrossel, Bachstelze, Stieglitz, Kohlmeise, Grünfink, Mehlschwalbe

Lapbooks NaWi
Naturwissenschaftliche Themen kreativ erarbeiten – Bestell-Nr. 12 879
KOHL VERLAG

Singvögel

Knicke die Blütenblätter nach hinten. Füge die Blüte in dein Lapbook ein.

Lösung Rätsel:
im Uhrzeigersinn, beginnend bei 1 Uhr (bei der Schere):
Rotkehlchen, Amsel, Spatz, Meise, Lerche, Zaunkönig,
Buchfink, Schwalbe

Amphibien

Amphibien gehören ebenfalls zu den Wirbeltieren. Sie haben sich vor etwa 400 bis 360 Millionen Jahren aus den Fischen entwickelt. Amphibien sind wechselwarme Tiere. Ihr Name kommt aus dem Griechischen und bedeutet so viel wie „doppellebig", weil sie sowohl im Wasser als auch an Land leben können. Zu den Amphibien oder Lurchen zählen Frösche, Kröten, Molche, Salamander und Unken.

Schneide die Form unten und die Tiernamen aus. Klebe die richtigen Tiernamen hinter die Bilder. Zur Hilfe sind die Anfangsbuchstaben vorgegeben.

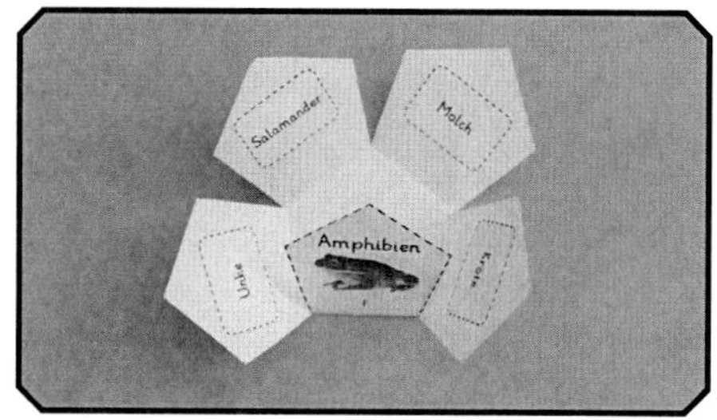

Molch

Kröte

Frosch

Unke

Salamander

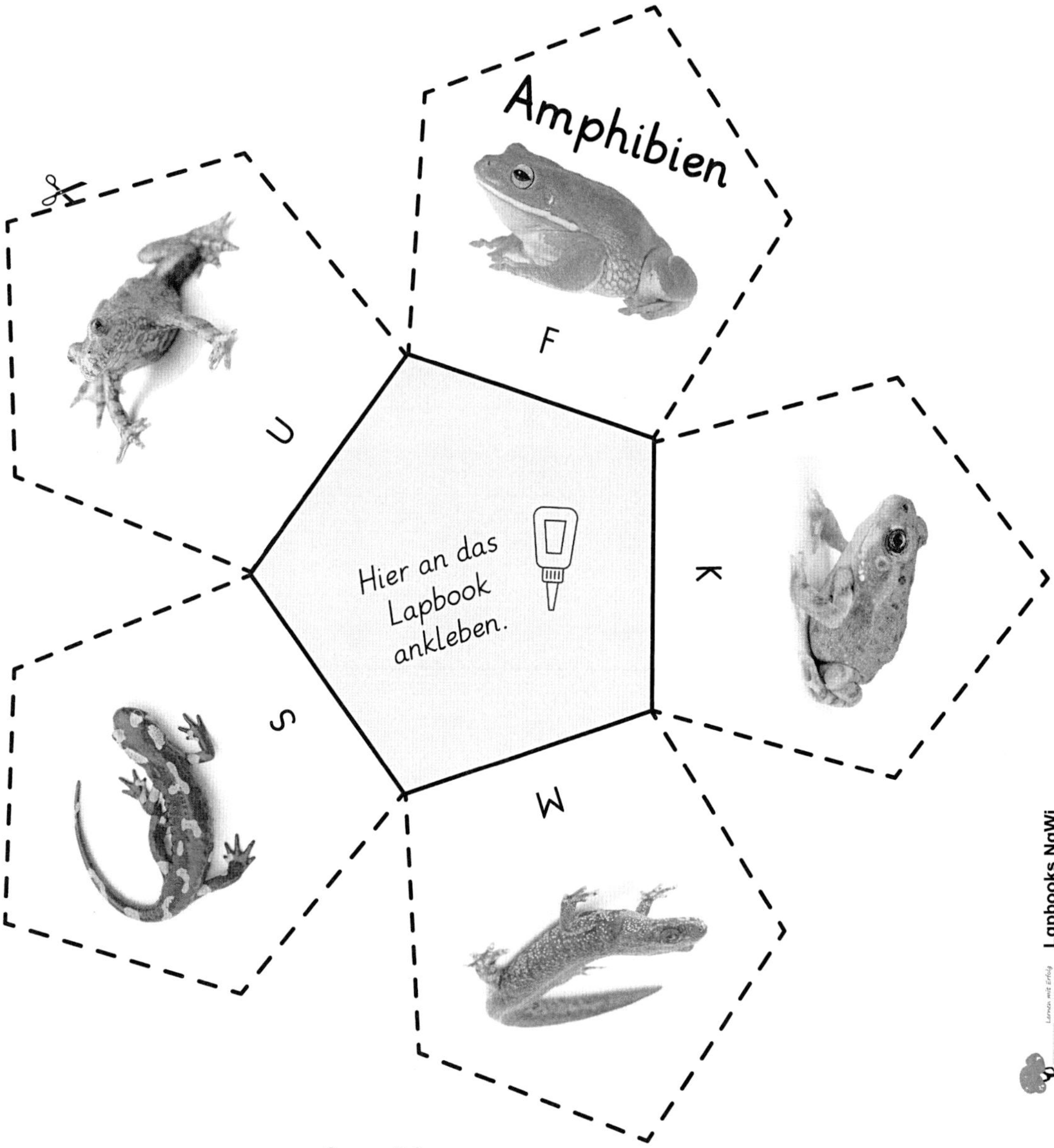

Amphibien

F

K

M

S

U

Hier an das Lapbook ankleben.

KOHL VERLAG
Lapbooks NaWi
Naturwissenschaftliche Themen kreativ erarbeiten – Bestell-Nr. 12 879

Frosch und Kröte

Forsche nach (Internet, Bücher) und ergänze die Angaben. Schneide die Form unten aus. Falte sie wie eine Ziehharmonika und klebe sie in dein Lapbook.

Frosch		Kröte
	Körper	
	Beine	
	Schwimmhäute	
	Haut	
	Fortbewegung	
	Lebensraum	

Die Rückseite dieses Feldes an das Lapbook ankleben.

Frosch
- Körper: schlank
- Beine: lang und schlank
- Schwimmhäute: ja
- Haut: glatt
- Fortbewegung: hüpft viel und gerne
- Lebensraum: in der Nähe von Wasser

Kröte
- Körper: dick, rund
- Beine: kurz und dick
- Schwimmhäute: nein
- Haut: trocken, ledrig; Warzen und Beulen
- Fortbewegung: hüpft nicht
- Lebensraum: auch in trockenen Gebieten

Reptilien (Kriechtiere)

Reptilien zählen zu den Wirbeltieren und haben eine wechselnde Körpertemperatur. Sie leben bereits seit über 315 Millionen Jahre auf der Erde und haben sich aus den Amphibien entwickelt. Die Bezeichnung „Reptilien" bedeutet „kriechend". Reptilien verfügen über eine Haut aus Hornschuppen und schlüpfen aus Eiern. Zu den Reptilien gehören Echsen (z. B. Eidechsen), Krokodile, Schlangen und Schildkröten.

Schneide die Form unten aus. Schreibe die richtigen Namen auf die Rückseite der Tierbilder.

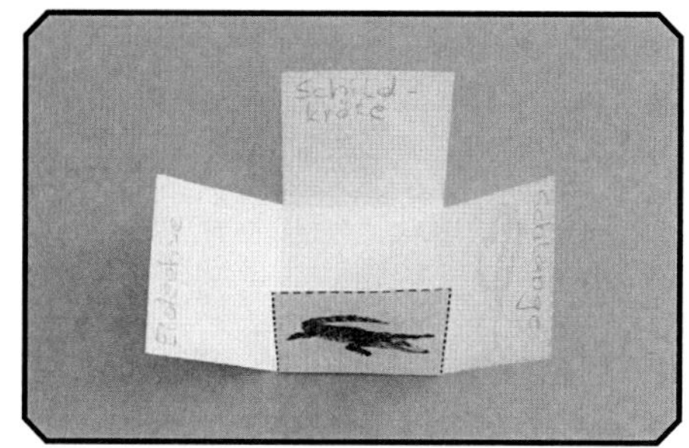

Hier an das Lapbook ankleben.

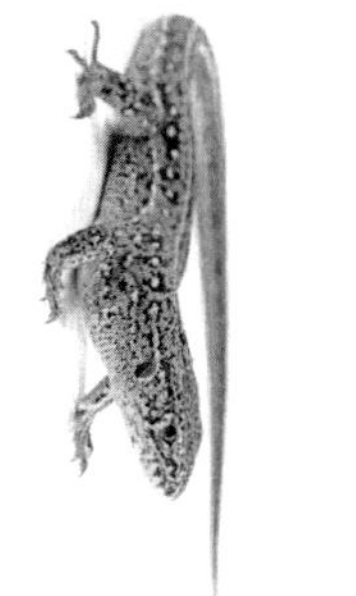

KOHL VERLAG
Lapbooks NaWi
Naturwissenschaftliche Themen kreativ erarbeiten – Bestell-Nr. 12 879

Fische

Fische haben sich vor etwa 450 Millionen Jahren aus Einzellern entwickelt. Sie sind die ältesten Wirbeltiere der Welt.

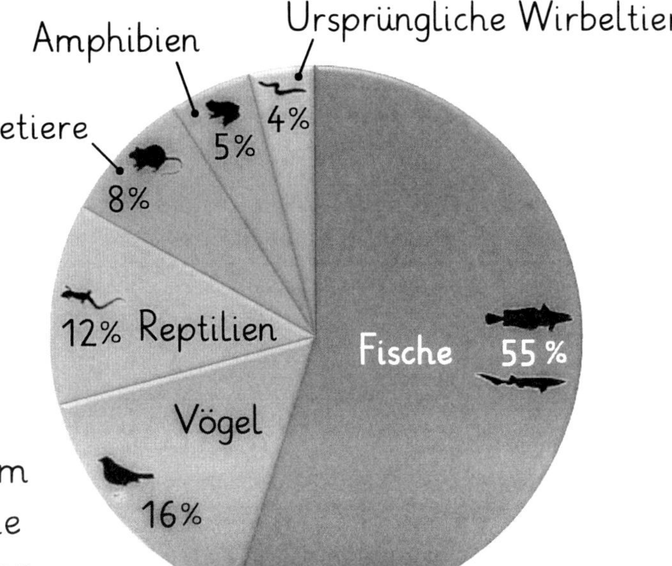

Ergänze die Texte. Schneide die Form auf der nächsten Seite aus. Klebe die Texte richtig ein. Falte die Form dann zur Ziehharmonika und klebe sie in dein Lapbook.

Bei Fischen unterscheidet man zwischen **Knorpel- und Knochenfischen**. Zu den Knorpelfischen gehören ________ und Rochen. Zu den Knochenfischen zählen z. B. __________, Hecht und Lachs.

Friedfische greifen keine anderen Fische an. Sie ernähren sich von Pflanzenteilen, aber auch von Kleintieren wie ____________, Krebsen und Schnecken; z. B. Karpfen, Hering, Rotfeder, ______________ und Stör.

Raubfische jagen andere __________. Sie fressen aber neben Fischen und deren Eiern auch andere Tiere wie Krebse, ____________ und junge Wasservögel; z. B. Forelle, Wels, Barsch, Aal und Lachs.

Fische ______________ durch **Kiemen** und haben keine Lungen. Fische **legen Eier** und leben nur **im Wasser**. Ihre Körpertemperatur ist von ihrer ______________ abhängig.

Lösung Rätsel:
1. atmen, Umwelt
2. Haie, Karpfen
3. Würmern, Rotauge
4. Fische, Frösche

Fische

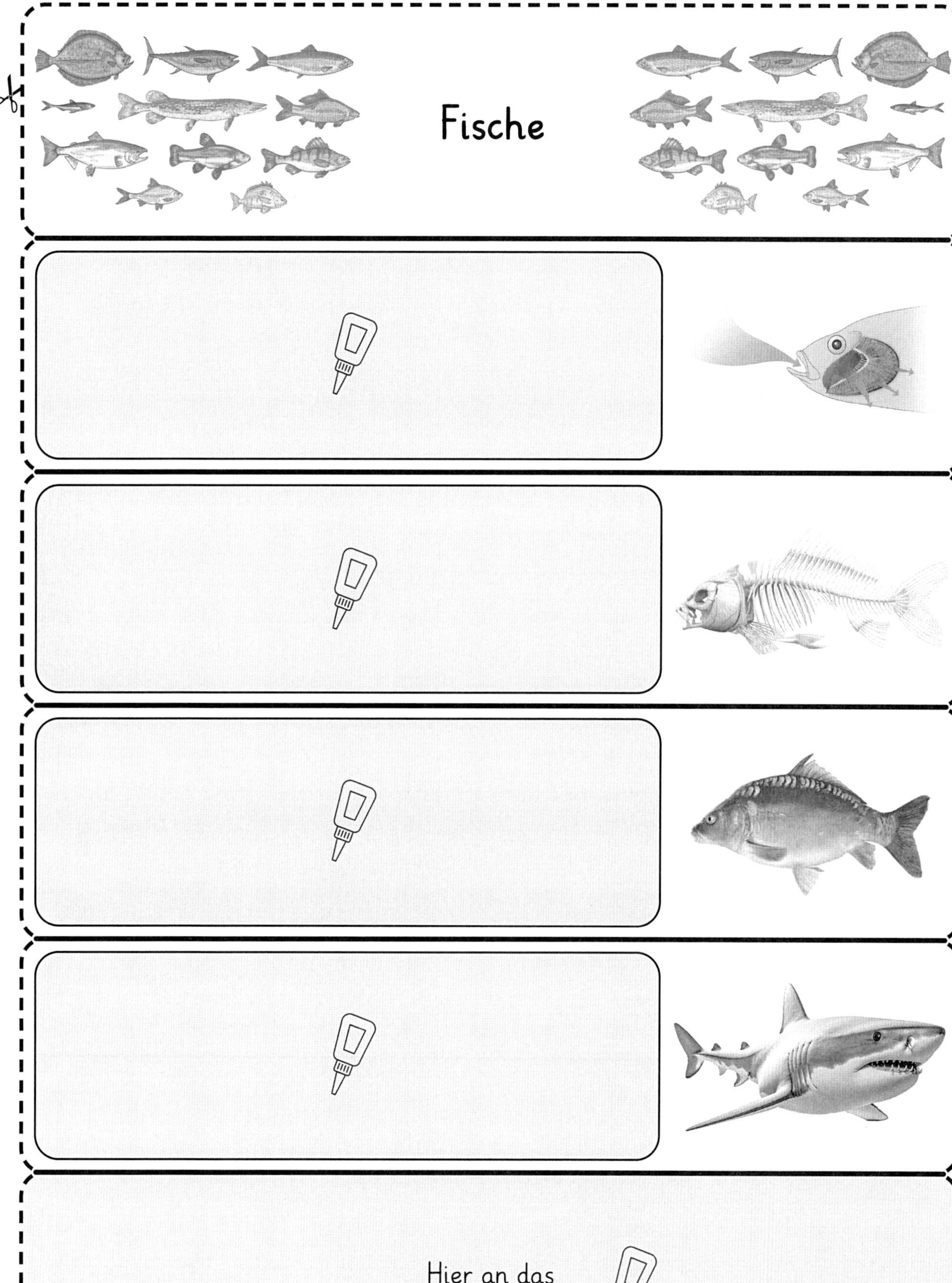

KOHL VERLAG
Lapbooks NaWi
Naturwissenschaftliche Themen kreativ erarbeiten – Bestell-Nr. 12 879

Pflanzen – Bäume, Büsche, Kräuter, Blumen, Gras

Pflanzen sind wie alle Menschen und Tiere Lebewesen. Sie brauchen Sonnenlicht, Wasser und Luft zum Leben. Die meisten Pflanzen wachsen auf der Erde. In der Erde bilden sie Wurzeln. Oben aus der Erde wächst der Stamm oder Stängel. Aus diesem können sich dann viele Blätter oder Blüten bilden.

Pflanzen sind für viele Tiere ein Zuhause. Dank Pflanzen gibt es Luft zum Atmen. Pflanzen sorgen für ein ausgeglichenes Klima. Pflanzen kann man auch essen (Gemüse und Obst, Kartoffeln, Getreide).

Schneide die Pflanzenbilder unten aus. Klebe sie auf der nächsten Seite in die Felder. Falte den Pfeil wie eine Ziehharmonika und füge ihn in dein Lapbook ein. Du kannst aber auch eigene Bilder einfügen.

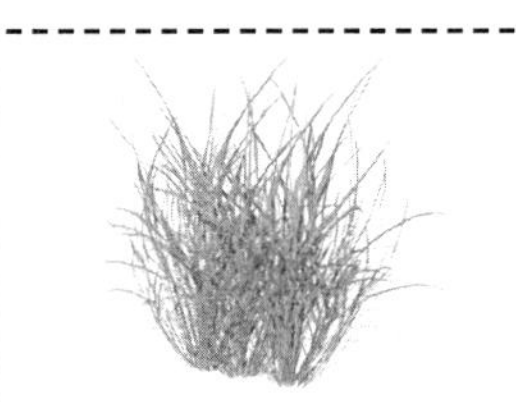

Pflanzen – Bäume, Büsche, Kräuter, Blumen, Gras

Bäume und Sträucher

Blumen und Blattpflanzen

Gras, Moos, Kräuter

Gemüse und Früchte

Die Rückseite dieses Feldes an das Lapbook ankleben.

Bäume und Sträucher: Tannen, Ahorn, Rosensträucher, Beerensträucher
Blumen und Blattpflanzen: Tulpen, Margeriten, Sonnenblumen, Farn
Gras, Moos und Kräuter: Wiesen, Moos, Basilikum, Pfefferminze
Gemüse und Früchte: Möhren, Bananen, Äpfel, Nüsse

KOHL VERLAG Lapbooks NaWi
Naturwissenschaftliche Themen kreativ erarbeiten – Bestell-Nr. 12 879

Mein Lapbook Chemie

Name: ______________________________

Atome und Moleküle

Schneide die Kärtchen unten und auf der nächsten Seite aus. Ergänze die Texte und klebe sie auf die Rückseiten der Bilder. Am Randstreifen kannst du die Seiten zusammentackern oder -kleben und in dein Lapbook einfügen.

1.

Alles ist aus Atomen oder Molekülen aufgebaut. Pflanzen, ________, Menschen, die ________, die Luft, die Sonne. Ein Atom ist das kleinste Teilchen eines Elements. Es besteht aus einem ________ und einer Atomhülle.

2.

Die ________ des Atoms bilden Protonen (elektrisch positiv geladene Teilchen) und Neutronen (elektrisch neutrale Teilchen) im Kern. Drum herum schweben die negativ geladenen Teilchen, die ________.

Sauerstoff-Atom

8 Protonen

8 Neutronen

8 Elektronen

3.

Als Molekül bezeichnet man die ________ von Atomen. Beispiel: 2 Wasserstoff-Atome (Wasserstoff = H) und 1 Sauerstoff-Atom (Sauerstoff = O) sind zusammen 1 ________ Wasser (Zeichen für Wasser ist H_2O).

4.

Ein anderes ________ ist CO_2, bekannt als Kohlendioxid. Es besteht aus einem Kohlenstoff-Atom (Kohlenstoff = C) und 2 Sauerstoff-Atomen. Wir ________ CO_2 aus. Aber auch in der Industrie z. B. wird zu viel CO_2 ausgestoßen.

Wasser-Molekül

Lösungen:
1. Tiere, Erde, Kern
2. Hauptmasse, Elektronen
3. Verbindung, Molekül
4. Molekül, atmen

KOHL VERLAG
Lapbooks NaWi
Naturwissenschaftliche Themen kreativ erarbeiten – Bestell-Nr. 12 879

Atome und Moleküle

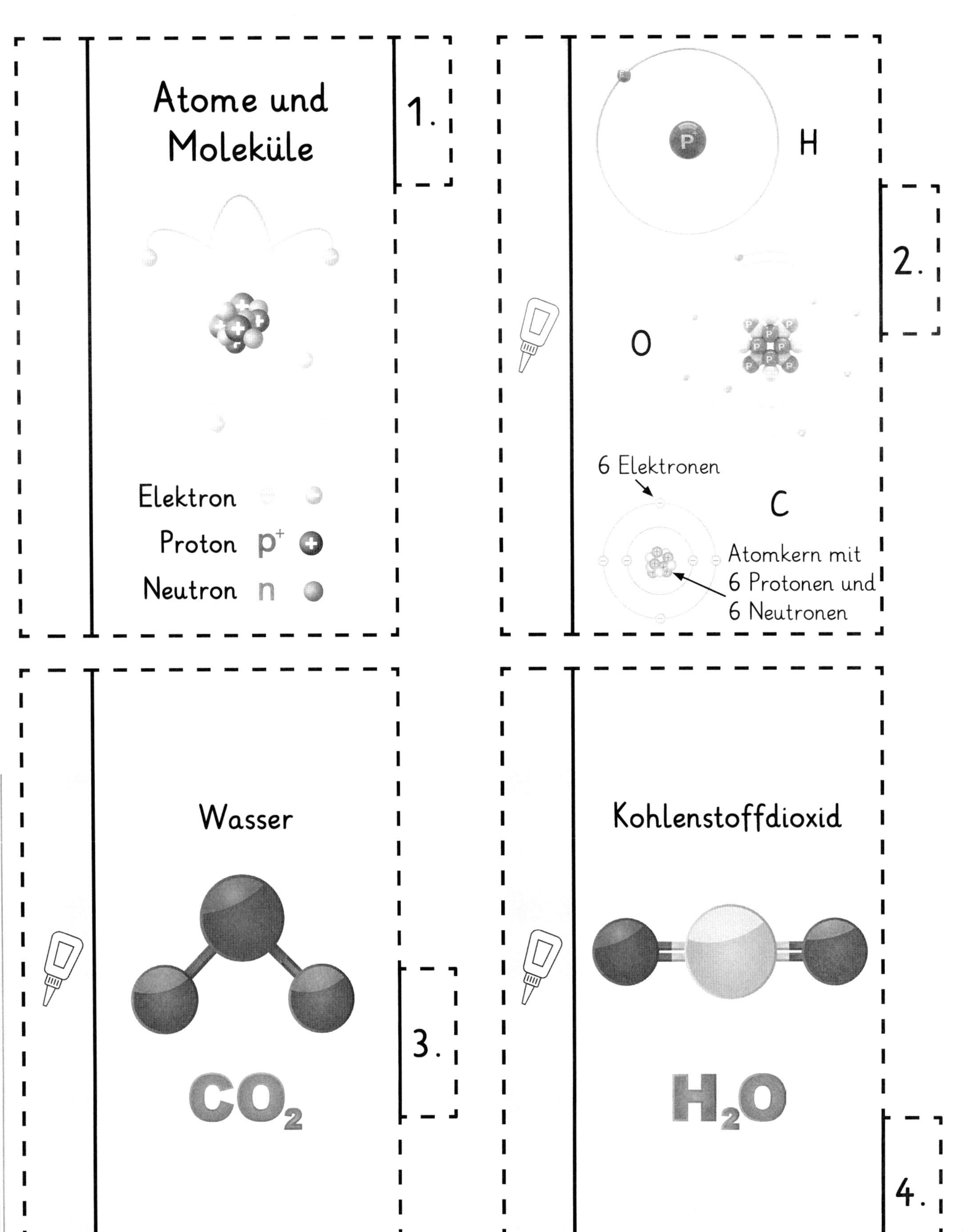

Das Periodensystem der Elemente

Das Periodensystem ist eine Tabelle, in der alle 118 chemischen Elemente enthalten sind, die es auf der Welt gibt. Ein Element ist ein Stoff, der nur aus gleichen Atomen besteht, zum Beispiel Silber, Gold oder Sauerstoff. Die Wissenschaftler Dmitri Mendelejew und Lothar Meyer haben ein System aufgebaut, was heute noch gilt. Es gibt aber auch chemische Stoffe, die bestehen aus Molekülen, wie Wasser oder Speisesalz. Ein Molekül besteht aus mehreren verschiedenen Atomen, die fest miteinander verschmolzen sind. Die gehören nicht ins Periodensystem.
Die Elemente sind nach ihrer Ordnungszahl geordnet.
Die Ordnungszahl ist die Anzahl der Protonen und Elektronen, die sich in einem Atom befinden.

Schreibe jeweils die Antwort auf die Frage auf die Rückseite der Fahne. Schneide die Fahnen aus, loche die Kreismarkierungen und verbinde den Fahnenstapel mit einer Musterklammer (erste Fahne nach oben).

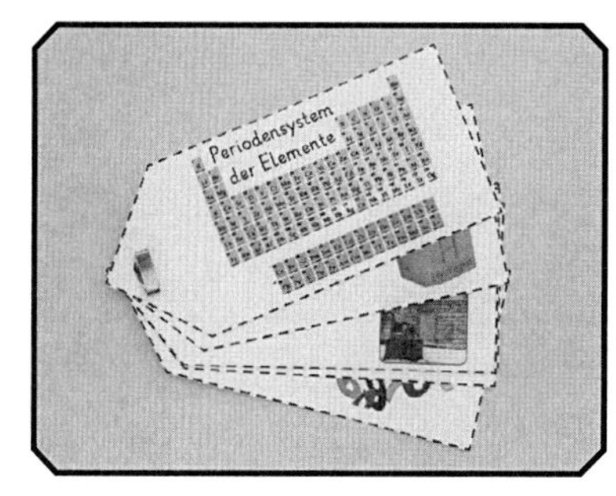

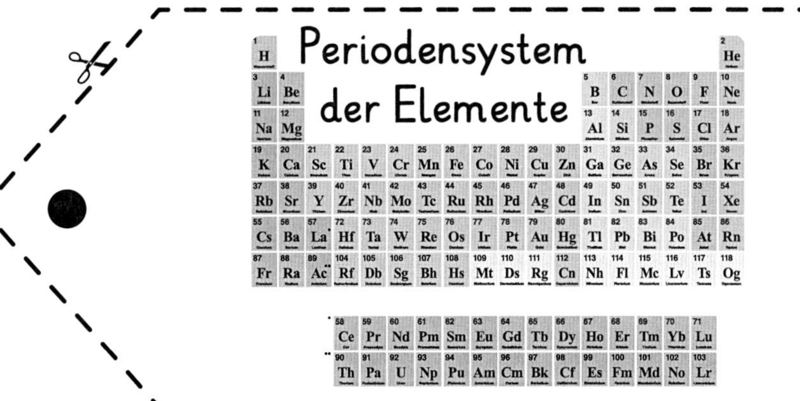

Was ist das Periodensystem?

Lapbooks NaWi
Naturwissenschaftliche Themen kreativ erarbeiten – Bestell-Nr. 12 879
KOHL VERLAG

Das Periodensystem der Elemente

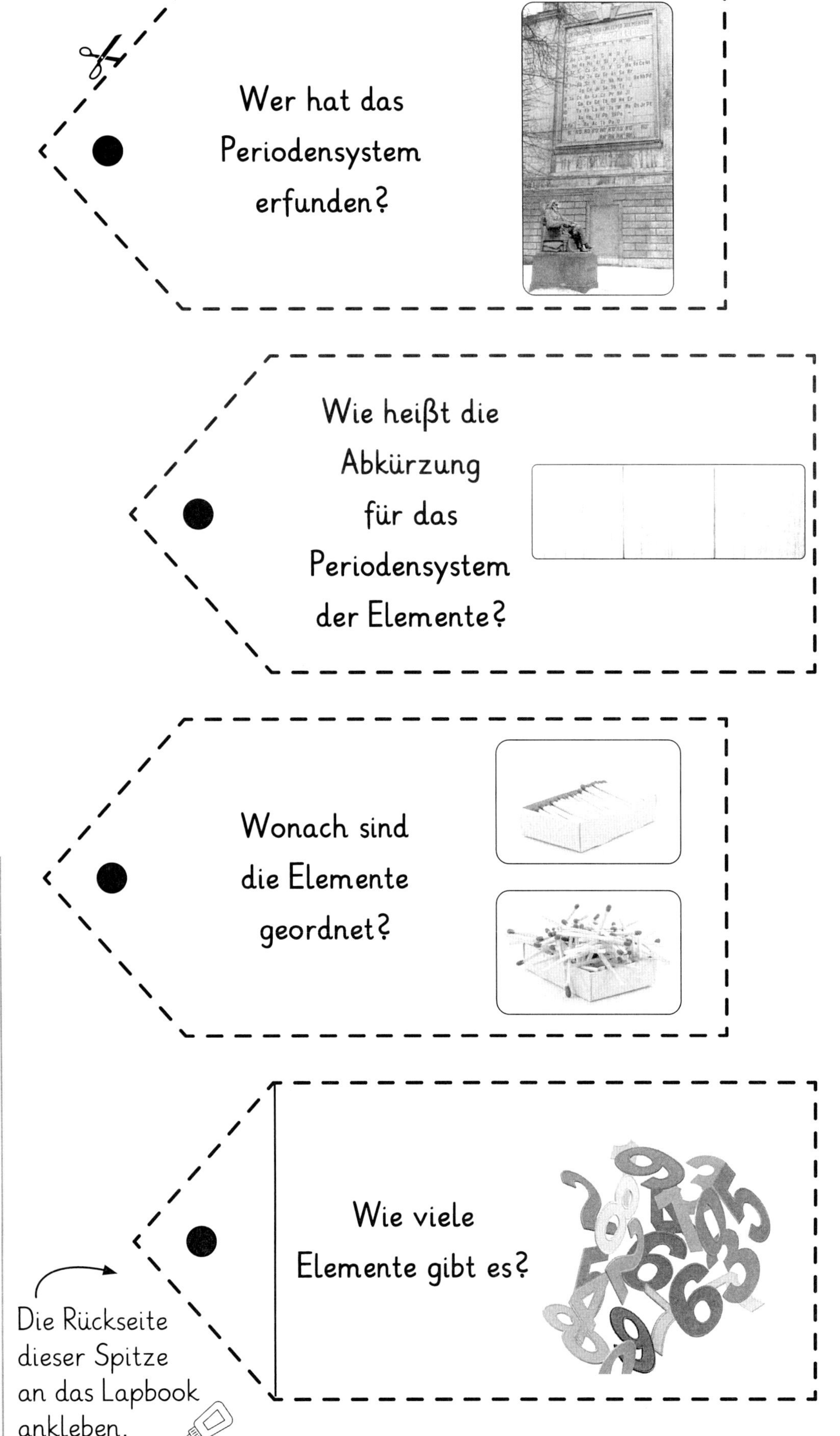

Wer hat das Periodensystem erfunden?

Wie heißt die Abkürzung für das Periodensystem der Elemente?

Wonach sind die Elemente geordnet?

Wie viele Elemente gibt es?

Die Rückseite dieser Spitze an das Lapbook ankleben.

Lösungen:
- Das Periodensystem ist eine Tabelle, in der alle Elemente nach ihren Eigenschaften angeordnet sind.
- die Chemiker Dimitri Mendelejew und Lothar Meyer
- PSE
- nach ihrer Ordnungszahl
- 118

Wasser als Lösungsmittel

Schneide die 6 Quadrate auf der nächsten Seite aus und klebe jeweils 2 passende mit den Rückseiten zusammen. Führe die Versuche aus und vervollständige die Rechtecke. Du erhältst 3 Kärtchen zum Einstecken in die Tasche auf dieser Seite. Hier stehen auch die Lösungen.

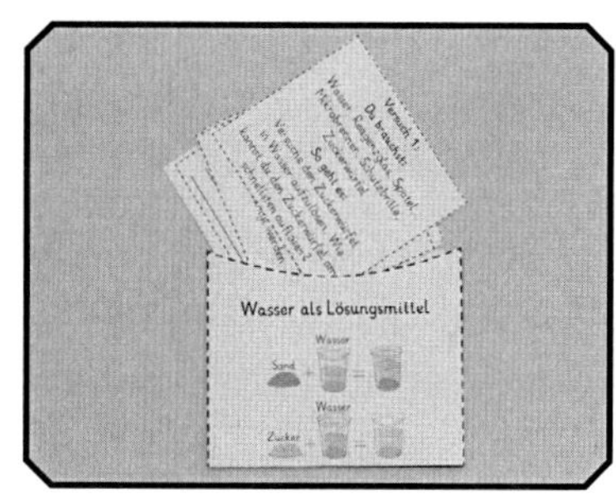

Wasser als Lösungsmittel

Wasser

Sand + =

Wasser

Zucker + =

Klebelasche

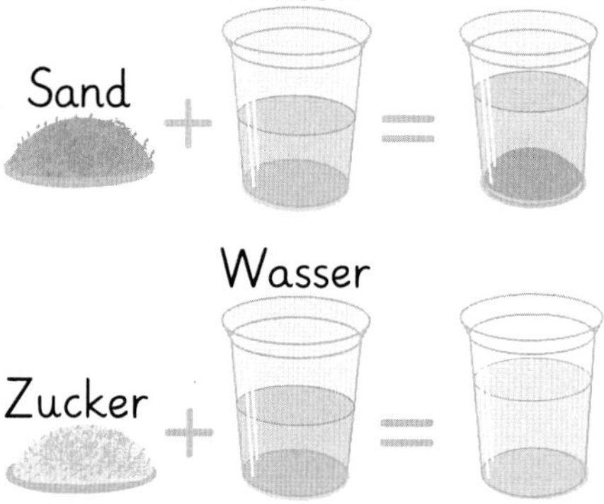

Hier an das Lapbook ankleben.

Klebelasche

Lösungen:

- Versuch 1: Zucker löst sich umso besser, je höher die Temperatur ist.
- Versuch 2: Löst sich: Salz, Lebensmittelfarbe / Löst sich nicht: Sand, Sirup / Schwimmt: Öl
- Lösungsmittel, Schütteln, Erhitzen

KOHL VERLAG
Lapbooks NaWi
Naturwissenschaftliche Themen kreativ erarbeiten – Bestell-Nr. 12 879

Wasser als Lösungsmittel

Wasser

Versuch 1:

Du brauchst:

Wasser, Reagenzglas, Spatel, Mikrobrenner, Schutzbrille, Zuckerwürfel

So geht es:

Versuche den Zuckerwürfel in Wasser aufzulösen. Wie kannst du den Zuckerwürfel am schnellsten auflösen?

Ergebnis:

Löst sich in Wasser:

____

____

Löst sich nicht in Wasser:

____

____

Schwimmt auf Wasser:

____

____

Versuch 2:

Du brauchst:

Wasser, 5 Reagenzgläser, Spatel, Mikrobrenner, Schutzbrille, Sand, Öl, Sirup, Lebensmittelfarbe, Salz

So geht es:

Versuche jeden einzelnen Stoff in Wasser aufzulösen. Welche Stoffe sind gut lösbar?

Ergebnis:

____

____

____

____

____

____

____

Wasser ist ein gutes ____________________.

Die Wassermoleküle umzingeln die Stoffteilchen so lang, bis sie zerfallen sind (z. B. bei Salz). Lösungsvorgänge können durch ______________, Umrühren, Zerkleinern und ________________ beschleunigt werden.

Säuren und Laugen

Schneide die Kärtchen aus. Fülle die Lücken im Text. Verwahre die Kärtchen im Umschlag auf der übernächsten Seite. Hilfe findest du im Chemie-Buch oder im Internet.

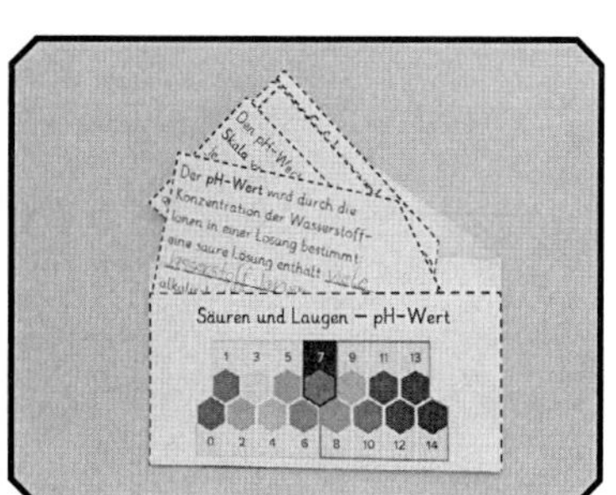

✂

Der **pH-Wert** wird durch die Konzentration der Wasserstoff-Ionen in einer Lösung bestimmt: eine saure Lösung enthält ________ ____________________ und eine alkalische Lösung wenige.

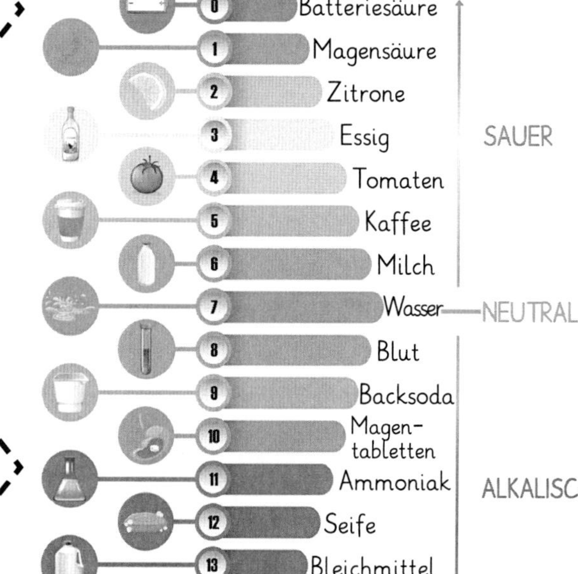

Den pH-Wert misst man auf einer **Skala** von 0 bis 14.
Je ____________ der pH-Wert desto saurer ist die Flüssigkeit.
Je ______________ der Wert umso alkalischer die Lösung.

Lackmuspapier ist ein Indikator. Es zeigt an, ob eine Lösung _________ oder alkalisch ist. Säuren verfärben es rot, Basen _________.

Säure färbt blaues Lackmuspapier rot.

Lauge färbt rotes Lackmuspapier blau.

Lösungen:
viele Wasserstoff-Ionen, niedriger, höher, sauer, blau
Zitronensäure, Magensäure, Schmutz, Waschmittel, pH-Wert 7, neutral,
Explosionsgefahr, Feuergefahr, giftig, Gesundheitsschäden bei Aufnahme in den Körper, ätzend

KOHL VERLAG
Lapbooks NaWi
Naturwissenschaftliche Themen kreativ erarbeiten – Bestell-Nr. 12 879

Säuren und Laugen

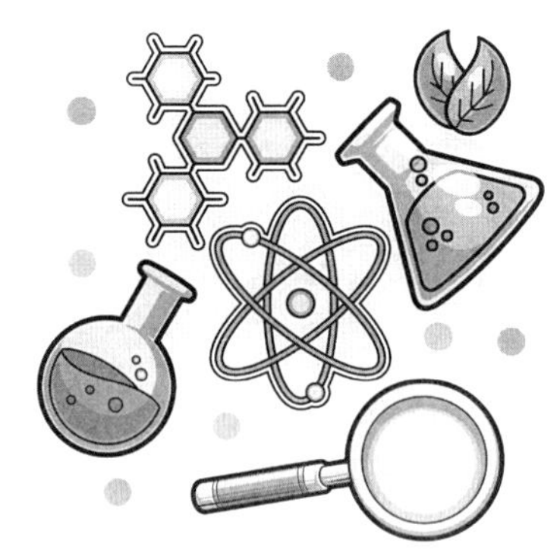

Säuren sind sauer und können viele Materialien auflösen. ______________________, Essig und Batteriesäure sind Beispiele, so wie auch die ___________________, die unser Essen verdaut.

Basen sind bitter und oft schleimig oder glitschig. Sie zersetzen __________ und Beläge und werden deshalb oft zum Reinigen benutzt. Seifen, Geschirrspülmittel, __________ __________ sind Beispiele dafür.

Neutral ist reines Wasser. Der ______________ entspricht dem Wert von reinem Wasser und wird als ________________ bezeichnet.

Gefahrensymbole

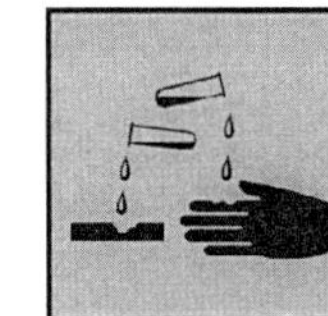

Säuren und Laugen

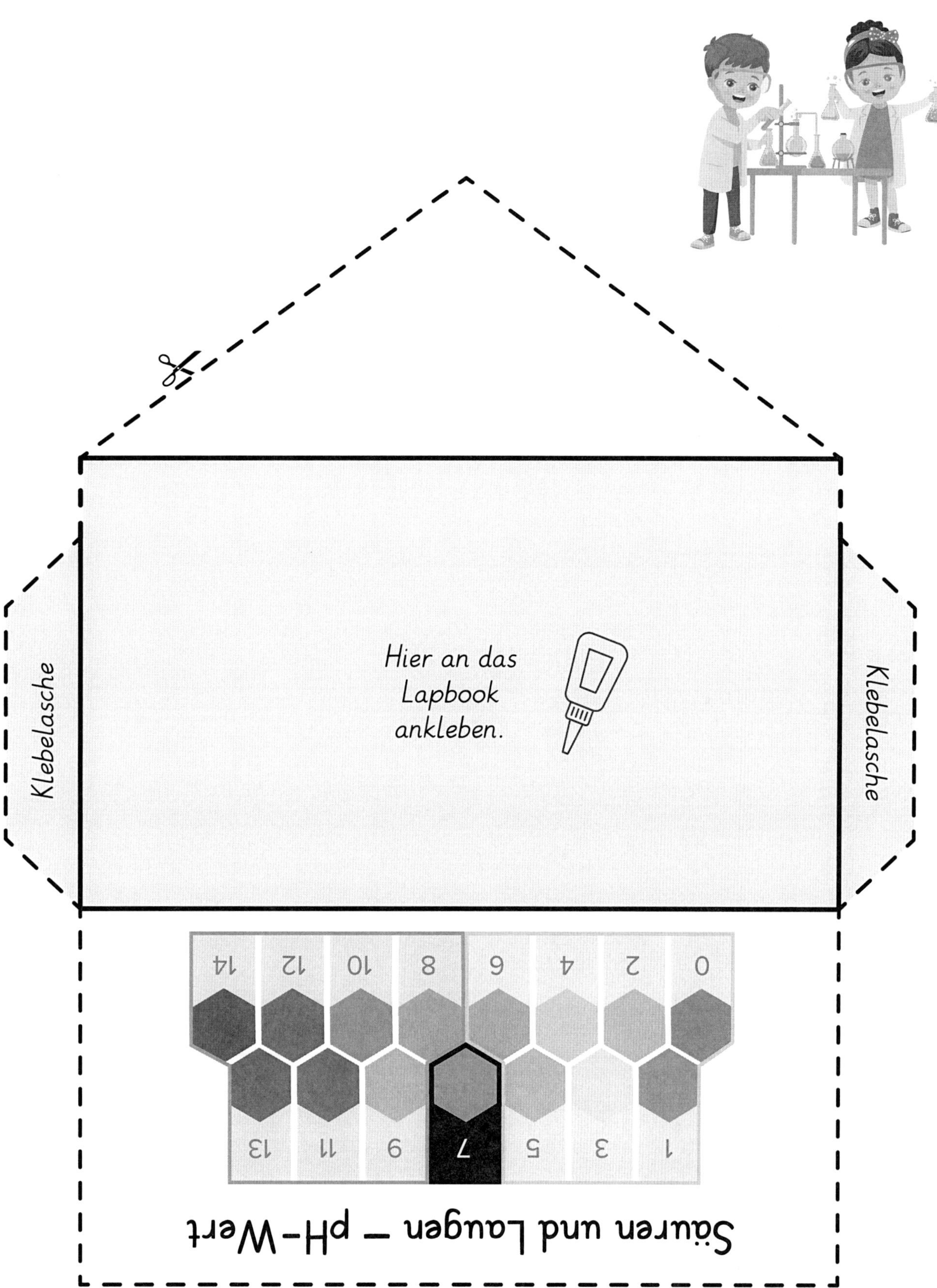

KOHL VERLAG Lapbooks NaWi
Naturwissenschaftliche Themen kreativ erarbeiten – Bestell-Nr. 12 879

Rost

Schneide die Mappe mit den 3 Klappen und die drei Kärtchen aus. Knicke den oberen Teil nach hinten und klebe die Texte passend auf.

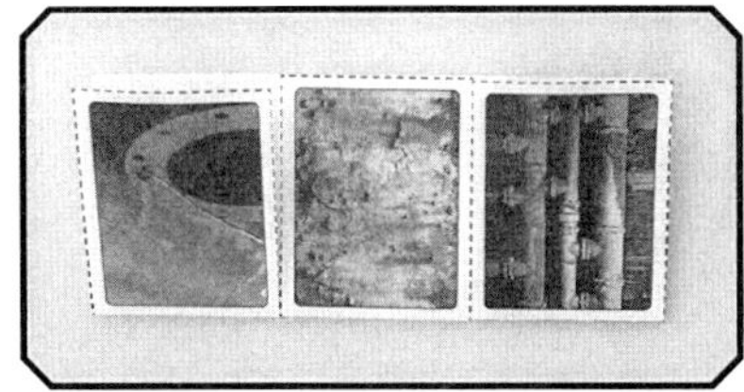

Sauerstoff und Wasser greifen Eisen an. Die Oberfläche verfärbt sich und verwittert langsam. Man nennt das Rost oder auch Korrosion.

Das Metall wird durchlässig, dehnt sich aus und bildet Blasen. Es entstehen Spannungen. Rostschichten platzen ab. Rost nennt man wegen der Farbe rot.

Chemisch besteht Rost aus einer Mischung von Eisenoxiden und Wasser. Zum Schutz wird Eisen regelmäßig mit Schutzschichten (Farbanstrichen) überzogen.

Hier an das Lapbook ankleben.

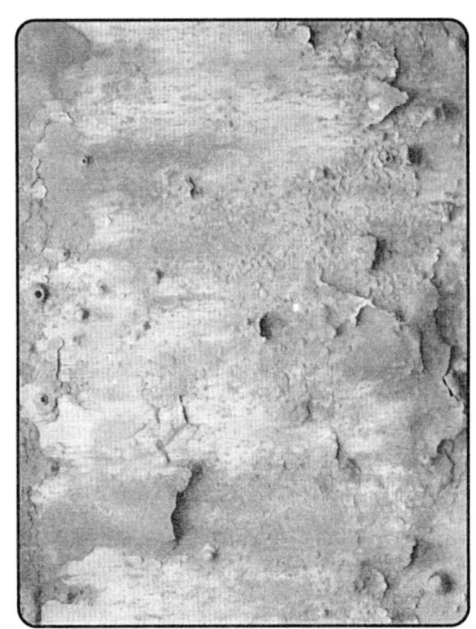

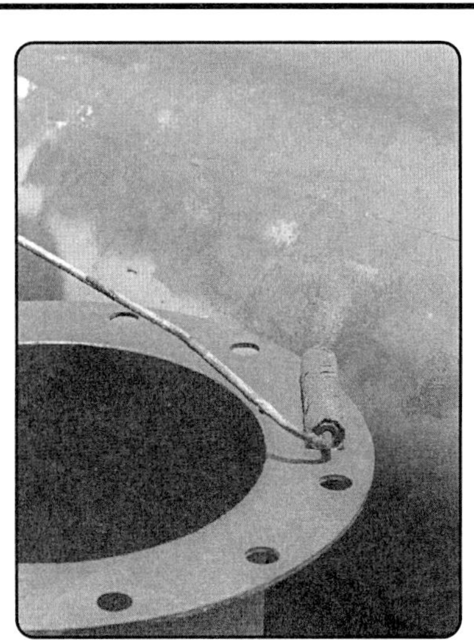

Kunststoffe

Schneide die Mappe auf der nächsten Seite (mit 4 Klappen) und die Kärtchen unten aus. Ergänze die Texte. Falte die Mappe an der durchgezogenen Linie nach hinten. Klebe den Balken innen ganz rechts auf. Falte die Kärtchen an der punktierten Linie und klebe sie hinter die Bilder.

Kunststoffe nennt man auch ____________. Sie werden vor allem aus ________________ mit einigen Zusatzstoffen hergestellt. Plastik kann ganz nach Wunsch gestaltet werden.

Plastik ist leicht, __________________, elastisch, temperaturbeständig, billig, langlebig und in verschiedener Härte und unterschiedlichen ______________ herstellbar.

Zuerst wird Plastik meist zu Formteilen, Fasern und ______________ verarbeitet. Daraus werden Verpackungen, Spielzeug, Farben, Klebstoffe und __________________ hergestellt.

Auch viele Einwegartikel, also Sachen, die wir meist nur einmal verwenden und dann __________________, werden aus Plastik gemacht, z. B. __________________ und Verpackungen.

K U N S T S T O F F E

Lösungen: 1. Plastik, Erdöl 2. bruchfest, Formen 3. Folien, Textilien 4. wegwerfen, Tüten

KOHL VERLAG Lernen mit Erfolg
Lapbooks NaWi
Naturwissenschaftliche Themen kreativ erarbeiten – Bestell-Nr. 12 879

Kunststoffe

Hier an das
Lapbook
ankleben.

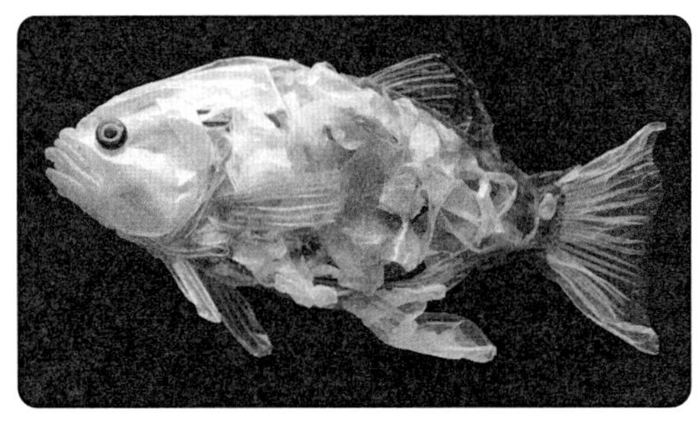

Lapbooks NaWi

Mein Lapbook Physik

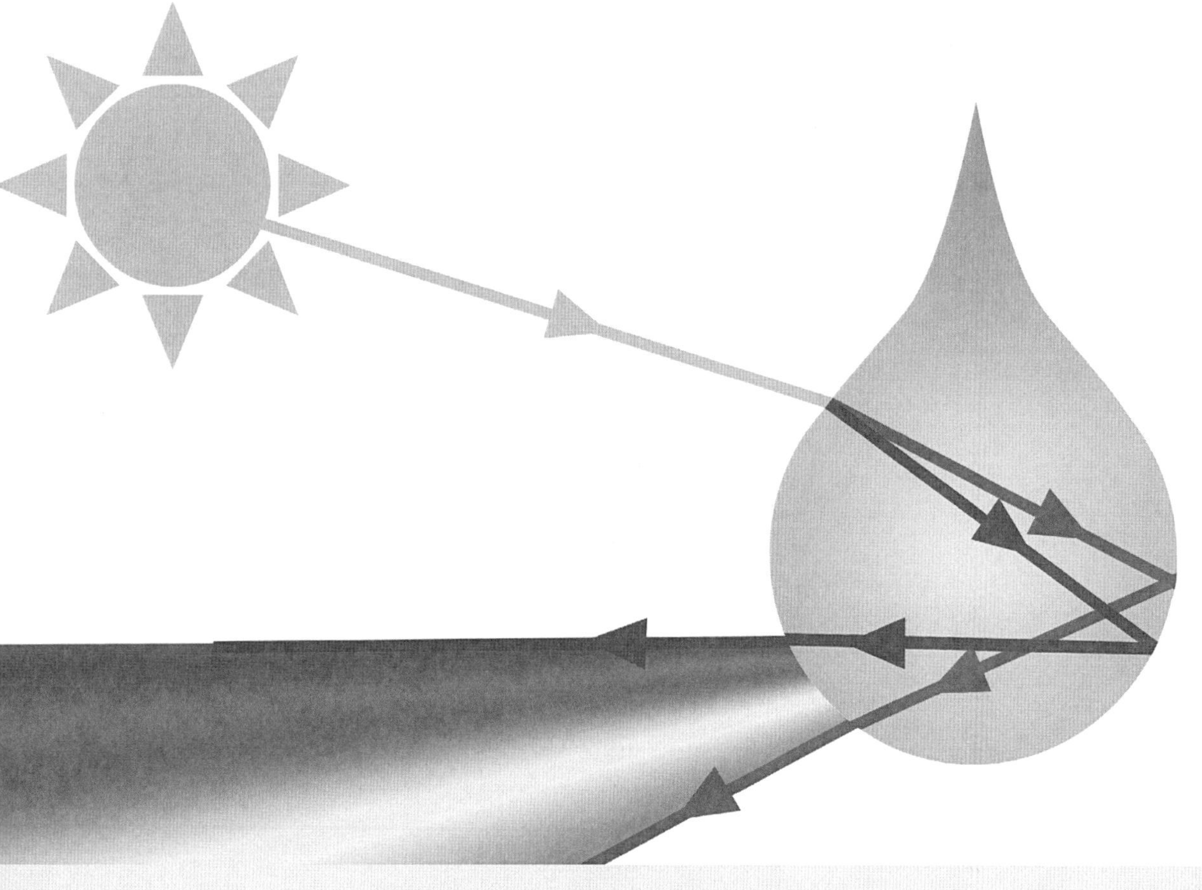

Name: ______________________________

Die Aggregatzustände des Wassers

Schneide die Form und die Kärtchen aus. Klebe die Kärtchen hinter die richtigen Bilder und falte die Form an den gestrichelten Linien nach hinten. Die große Karte mit dem Text klebst du in die Mitte der Form. Füge sie dann in dein Lapbook ein.

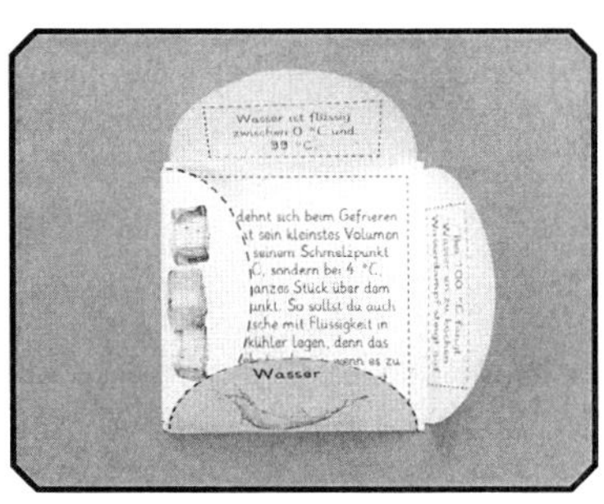

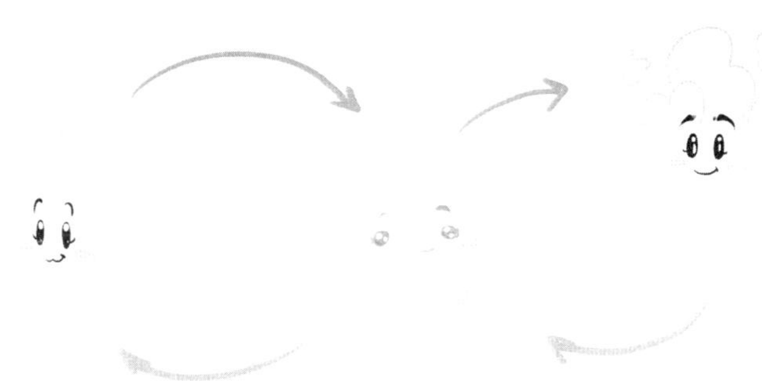

Bei 100 °C fängt Wasser an zu kochen. Wasserdampf steigt auf.

Dehnt sich beim Gefrieren (unter 0 °C) aus und wird zu Eis.

Wasser ist flüssig zwischen 0 °C und 99 °C.

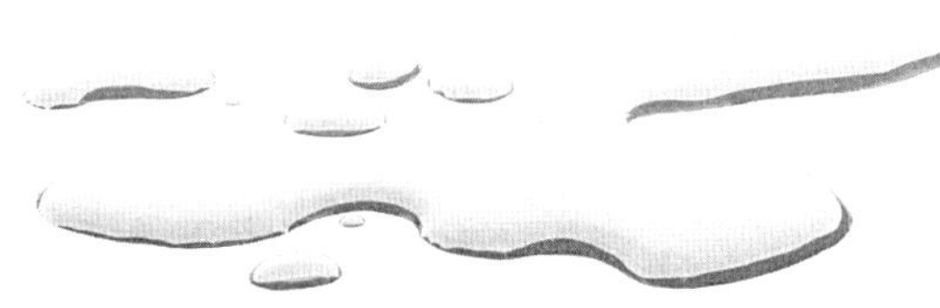

Wasser dehnt sich beim Gefrieren aus. Es hat sein kleinstes Volumen nicht bei seinem Schmelzpunkt von 0 °C, sondern bei 4 °C, also ein ganzes Stück über dem Schmelzpunkt. Daher sollst du auch keine Flasche mit Flüssigkeit in den Tiefkühler legen, denn das Wasser dehnt sich aus, wenn es zu Eis wird, und die Flasche platzt.

Die Aggregatzustände des Wassers

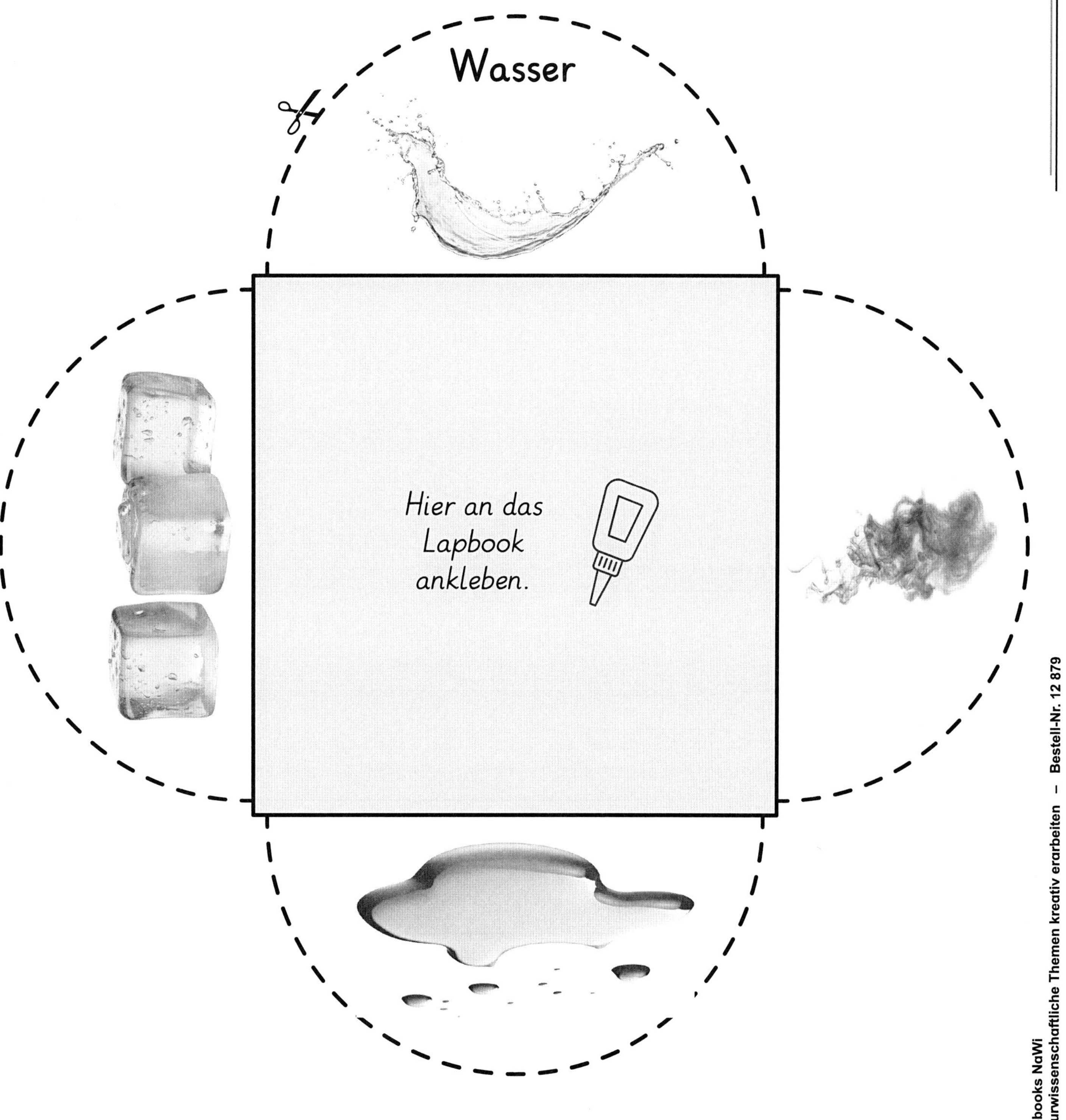

So entsteht ein Regenbogen

Schneide die Kärtchen unten und die Fahnen auf der nächsten Seite aus. Ergänze die Texte und klebe sie hinter das richtige Bild. Loche die Fahnen und verbinde sie mit einer Musterklammer (oder tackere sie zusammen).

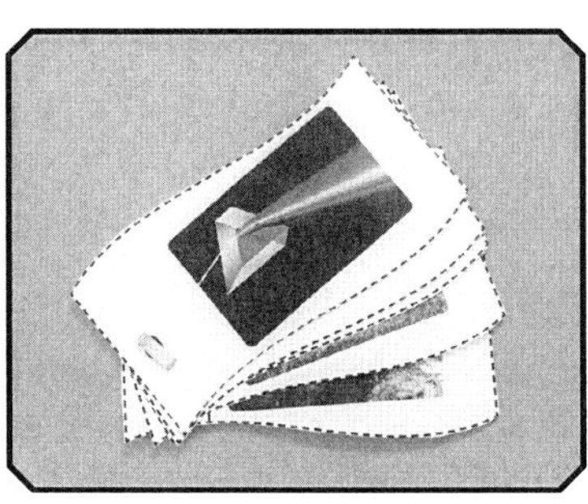

Die Sonnenstrahlen erscheinen uns ________. Doch sie enthalten viele ________________ Farben. In den Regentropfen werden diese Farben aufgeteilt wie in einem Prisma.

Wenn ____________________ und ______________________ aufeinander treffen, entsteht ein Regenbogen. Das kommt vor, wenn es regnet und gleichzeitig die _______________ scheint.

Die Regenbogenfarben sind von außen nach innen: _________, Orange, Gelb, Grün, Hellblau, Indigo und _____________. Diese Farben erscheinen immer in derselben Reihenfolge.

Je höher die Sonne steht, desto flacher ist der ___________. Einen schönen Regenbogen gibt es, wenn die Sonne am Nachmittag tief hinter dir steht und es vor dir __________________ regnet.

Auch wenn auf einen Springbrunnen die Sonne scheint, kann man einen kleinen ___________________ entdecken, selbst im _________________ des Gartenschlauchs gibt es ihn.

So entsteht ein Regenbogen

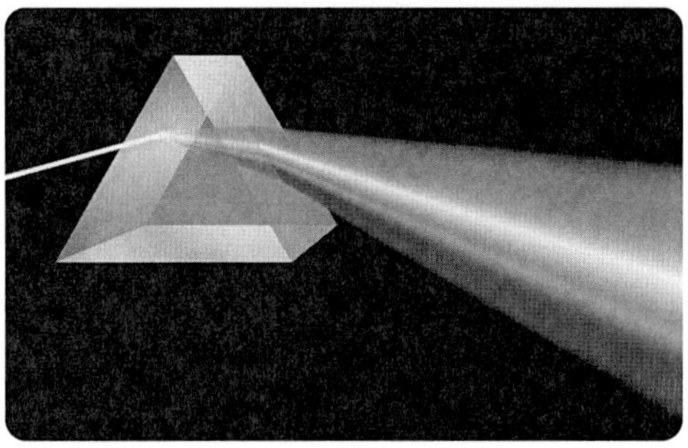

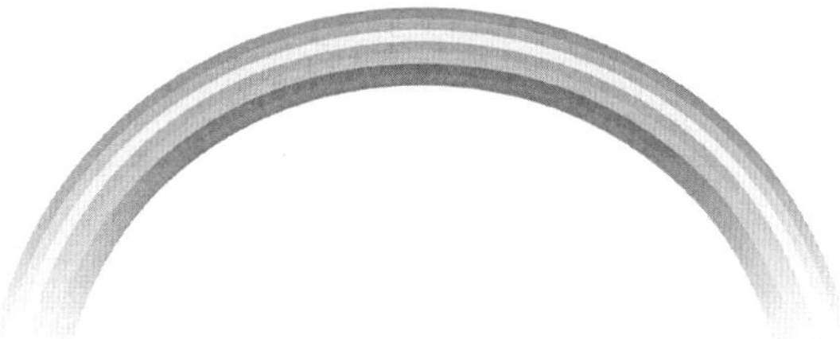

Die Rückseite dieses Feldes an das Lapbook ankleben.

Lösungen:
weiß, verschiedene
Sonnenstrahlen,
Wassertropfen, Sonne
Rot, Violett
Bogen, kräftig
Regenbogen, Sprühnebel

KOHL VERLAG
Lapbooks NaWi
Naturwissenschaftliche Themen kreativ erarbeiten – Bestell-Nr. 12 879

Magnete

Ein Magnet ist ein Körper, der bestimmte andere Körper anzieht oder abstößt. Er hat immer einen Nordpol (N) und einen Südpol (S). An den Polen wirkt die magnetische Anziehungskraft am stärksten. Gegensätzliche Pole ziehen sich an, gleiche Pole stoßen sich ab. Es gibt drei bekannte Metalle, die magnetisch sind:
Eisen (Fe), Nickel (Ni) und Kobalt (Co). Magnete kommen in der Natur vor, können aber auch von Menschen erschaffen werden. Sie heißen dann Dauermagneten oder Permanentmagneten.

Schneide die Kärtchen auf dieser und der nächsten Seite aus. Hefte die Bilder an den grauen Flächen zusammen, das kleinste Kärtchen kommt nach vorne (oben). Ergänze die Texte und die Bilder.

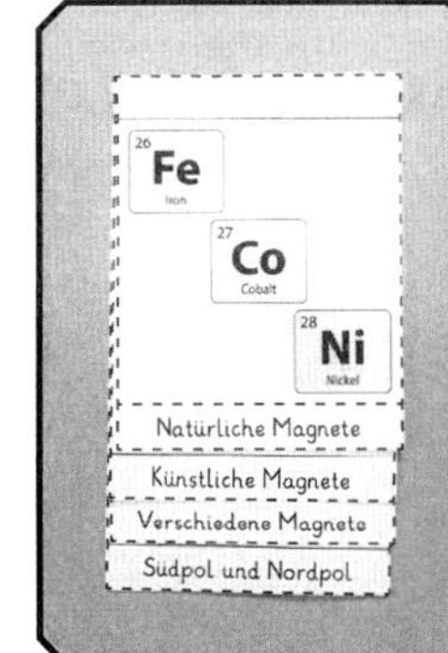

1.

Natürliche Magnete findest du in Eisen, Kobalt und Nickel.

Notiere die Zeichen von

Eisen: ________

Kobalt: ________

Nickel: ________

2.

Es gibt auch künstliche Magnete. Diese Magnete sind immer magnetisch, sie heißen Permanentmagnete oder

________________________.

3.

Die künstlichen Magnete sind:

Stabmagnete – 1

Hufeisenmagnete – 2

Ringmagnete – 3

Magnetnadeln – 4

4.

N steht für Nordpol, S für Südpol.

Gegensätzliche Pole ziehen sich an, gleiche Pole stoßen sich ab.

Lösungen:
Eisen = Fe, Kobalt = Co, Nickel = Ni, Dauermagnete

Magnete

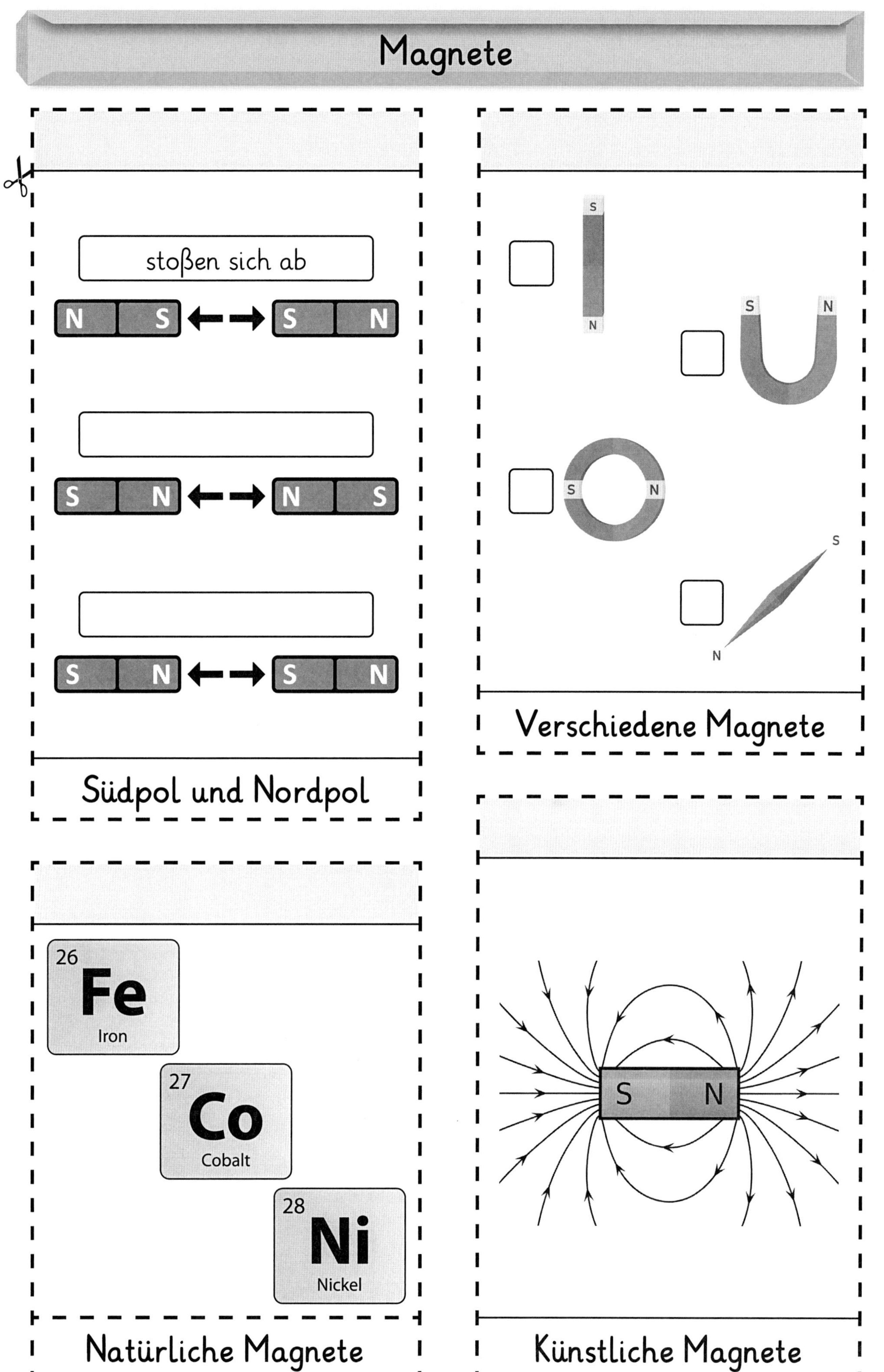

Lapbooks NaWi
Naturwissenschaftliche Themen kreativ erarbeiten – Bestell-Nr. 12 879
KOHL VERLAG

Der Kompass

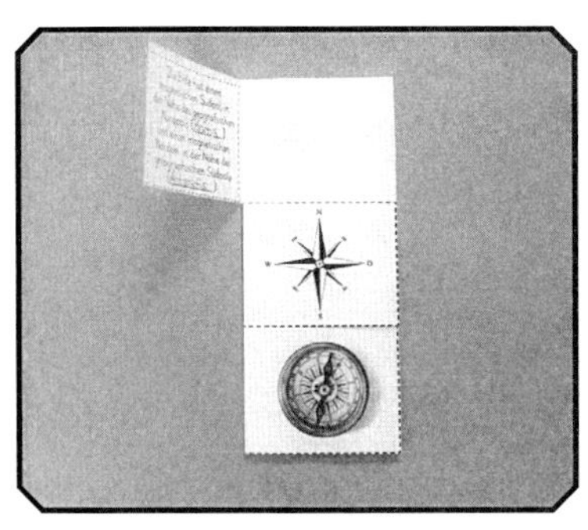

Schneide die Form auf der nächsten Seite mit den 3 Klappen und die Kärtchen unten aus. Ergänze die Texte. Knicke die From an der gestrichelten Linie nach hinten. Ergänze die Texte und klebe sie passend auf.

Die Erde hat einen magnetischen Südpol in der Nähe des geografischen Nordpols (________) und einen magnetischen Nordpol in der Nähe des greographischen Südpols (__________).

Im Kompass ist eine Windrose eingezeichnet, auf der meist die vier Himmelsrichtungen __________, Osten, Süden, Westen zu sehen sind. In der Mitte steckt eine __________ Magnetnadel.

Meist ist die Nadel an der Seite, die sich nach Norden ausrichtet, ____________. Nun drehst du so lange am Kompass, bis die eingefärbte ______________ sich nach Norden ausrichtet.

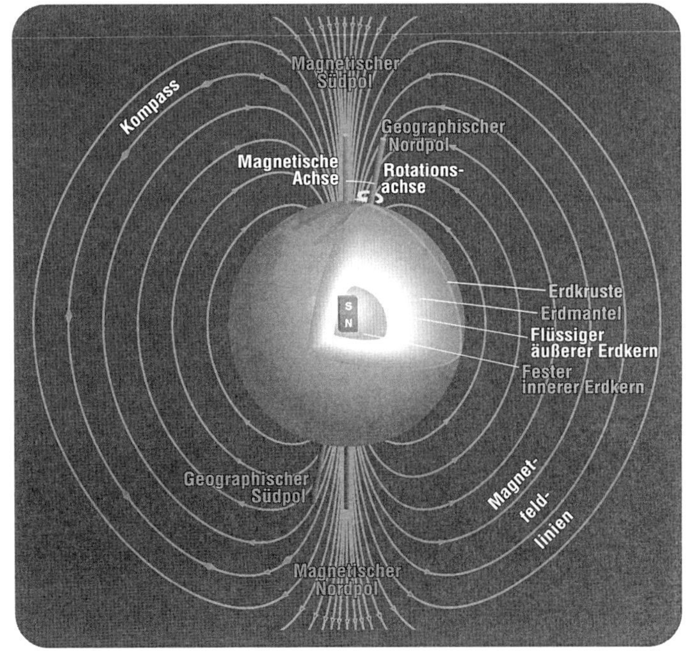

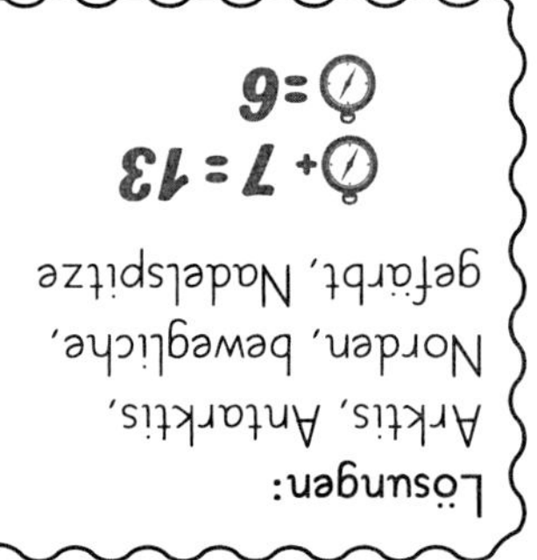

Der Kompass

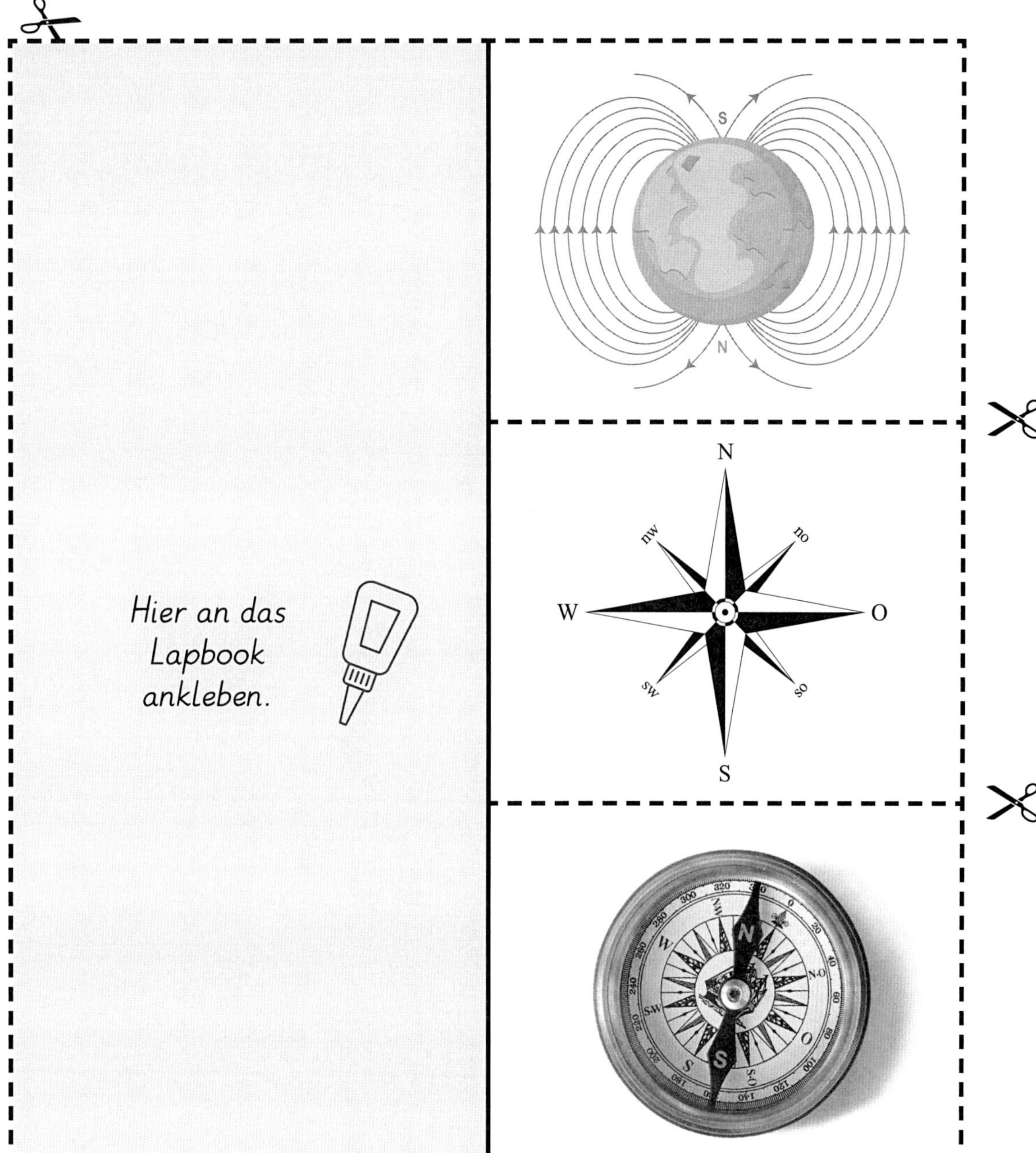

Ein kleines Rätsel:

= 13

= 7

= ?

KOHL VERLAG Lapbooks NaWi Naturwissenschaftliche Themen kreativ erarbeiten – Bestell-Nr. 12 879

Der Hebel

Mit einem Hebel kannst du schwere Kisten oder Steine viel leichter heben. Am einen Ende ziehst du ihn herunter, am anderen Ende hebt sich die Last. Wichtig ist der Drehpunkt, er gibt die Länge des Lastarms und des Kraftarms an.

An einem Hebel herrscht Gleichgewicht wenn gilt:

Lastarm • Last = Kraftarm • Kraft

1 • 100 kg = 2 • 50 kg

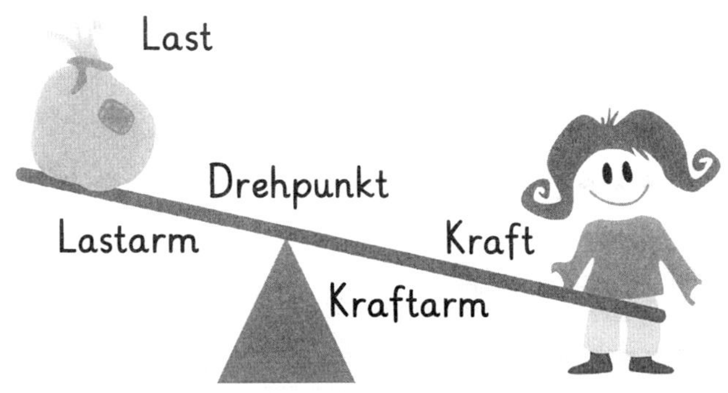

Schneide die Pfeile auf der nächsten Seite aus. Beantworte die folgenden Fragen und schreibe die Antwort auf die Rückseite der Pfeile. Hefte sie an der Markierung zusammen und verwahre sie in dem Umschlag auf der übernächsten Seite.

1. Herscht hier Gleichgewicht oder nicht? Erkläre!
2. Wohin wird sich die Wippe neigen, wenn die beiden Jungen drauf sitzen?
3. Zu welchem Punkt muss das Eichhörnchen springen, um die größte Kraft auszuüben?
4. Befinden sich die Gewichte im Gleichgewicht oder nicht? Erkläre!
5. Mit welchem Hebel ist die Kiste leichter zu heben, mit A oder B?

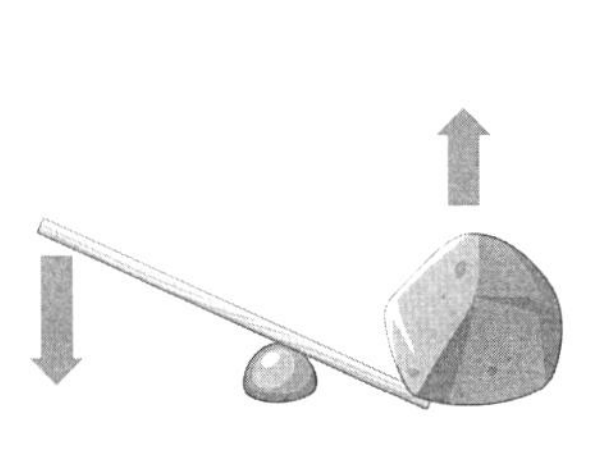

Lösungen:

1. 100 kg x 1 = 100 kg, 50 kg x 2 = 100 kg, es herrscht also Gleichgewicht.
2. Wippe C ist richtig.
3. Das Eichhörnchen muss zu Punkt C springen, dann ist der Kraftarm am längsten.
4. 3 x 4 kg = 12, 4 x 2 kg = 8 kg, kein Gleichgewicht
5. Bei Bild B ist der Kraftarm länger, also ist die Kiste leichter zu heben.

Der Hebel

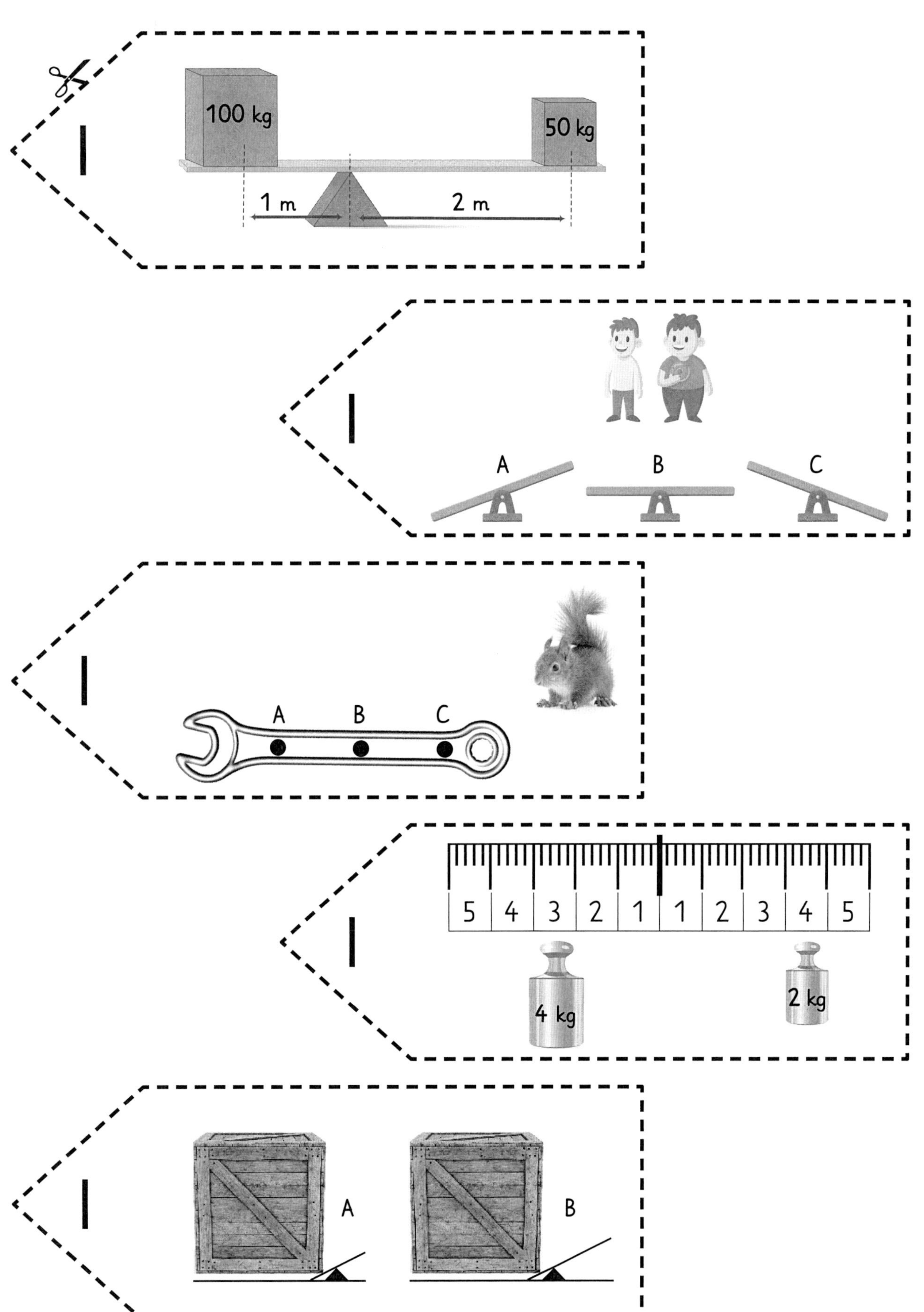

Lapbooks NaWi
Naturwissenschaftliche Themen kreativ erarbeiten – Bestell-Nr. 12 879
KOHL VERLAG

Der Hebel

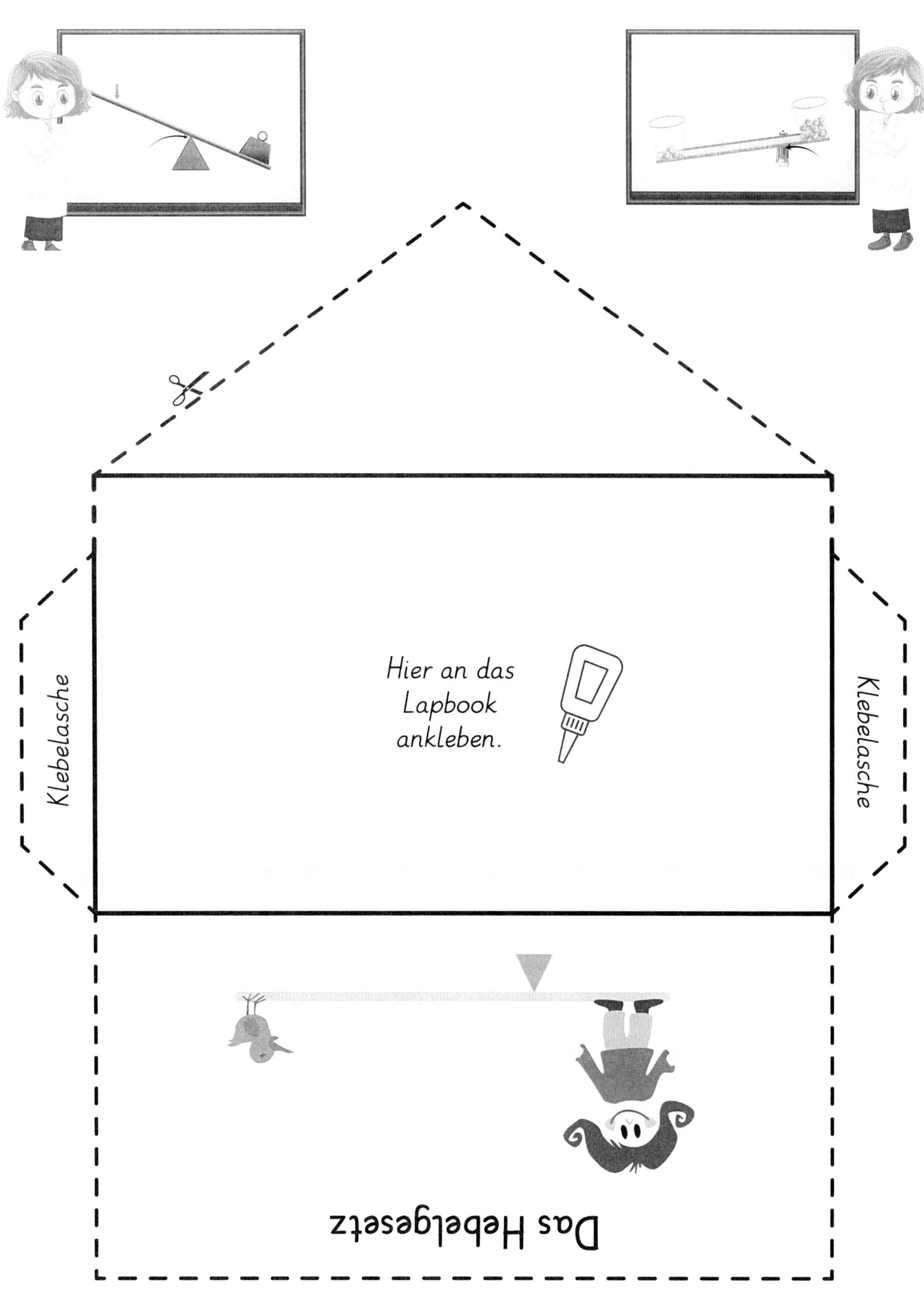

Hier an das Lapbook ankleben.
Klebelasche
Klebelasche
Das Hebelgesetz

Mein Lapbook Astronomie

Name: ______________________

KOHL VERLAG Lernen mit Erfolg
Lapbooks NaWi
Naturwissenschaftliche Themen kreativ erarbeiten – Bestell-Nr. 12 879

Was ist Astronomie?

Die Astronomie (Sternenkunde) erforscht Planeten, Monde, Sterne und fremde Galaxien, aber auch die Entstehung des Weltraums und die Weltraumgeschichte sind spannende Themen.

Schneide die Form auf der nächsten Seite und die Kärtchen unten aus. Klebe die Kärtchen hinter die richtigen Bilder.

Die **Astronomie** beschäftigt sich mit dem Weltraum, den Galaxien, den Himmelskörpern Sonne, Mond und Sterne und deren Eigenschaften.

Sterne sind riesige glühende Kugeln aus Gas, die ständig Licht und Wärme erzeugen. In ihrem Inneren ist es unvorstellbar heiß, mehrere Millionen Grad Celsius.

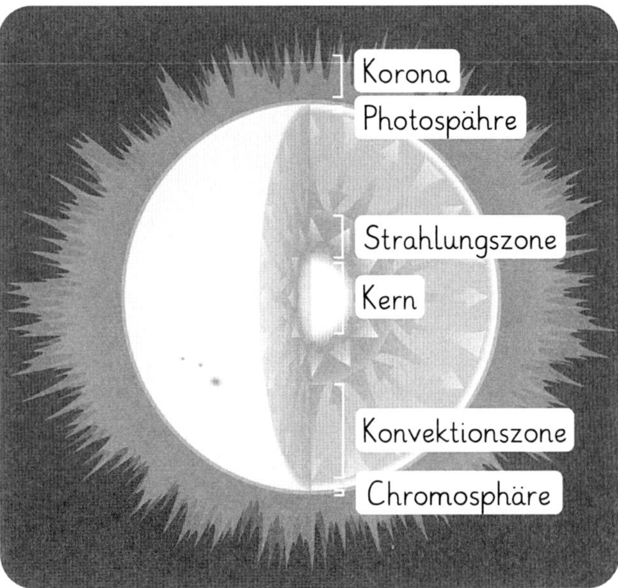

Querschnitt durch einen sonnenähnlichen Stern.

Die **Sonne** ist ein Stern. Ohne sie gäbe es keine Jahreszeiten und vor allem kein Leben auf der Erde! Sie ist der Mittelpunkt unseres Sonnensystems.

Was ist Astronomie?

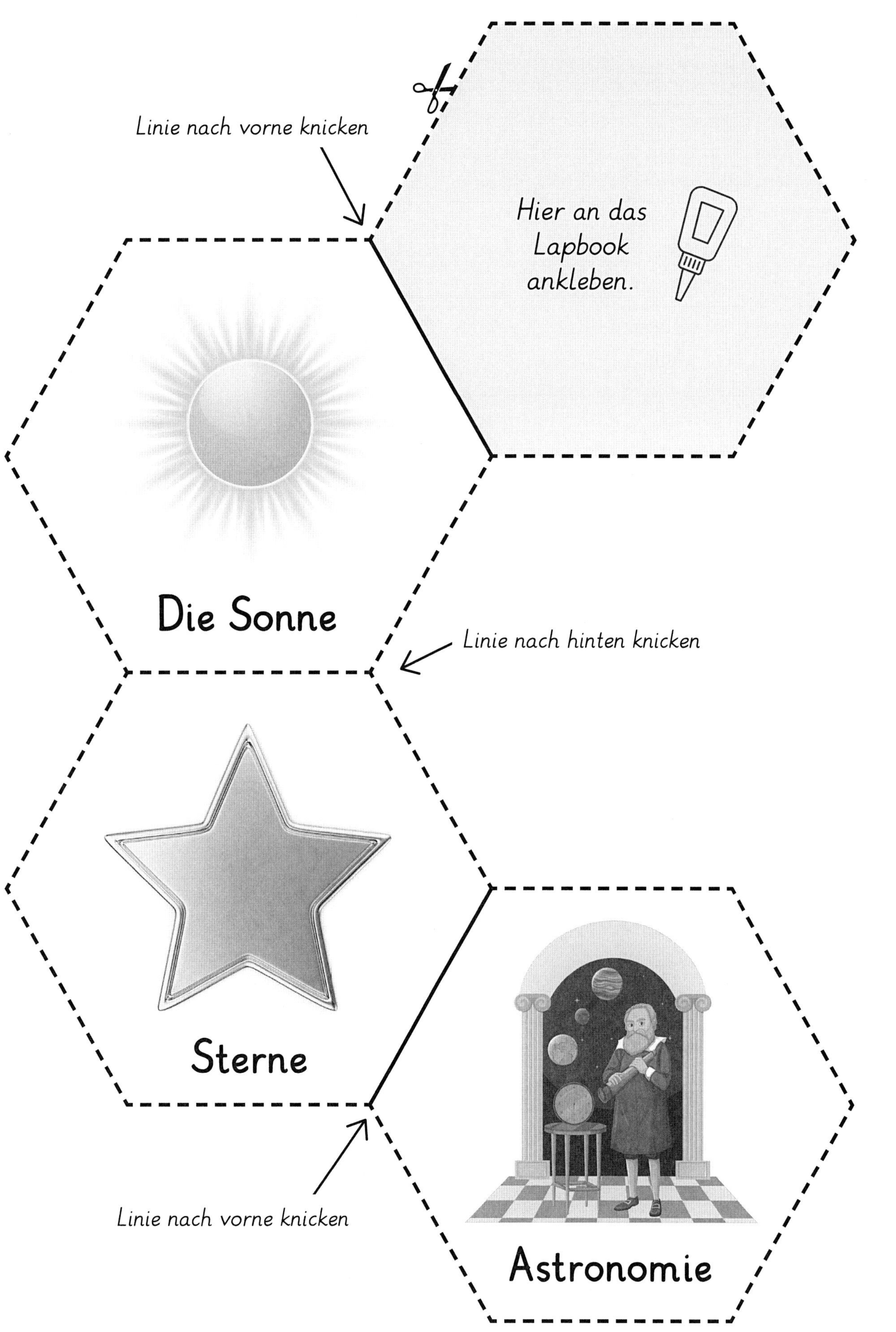

KOHL VERLAG Lapbooks NaWi
Naturwissenschaftliche Themen kreativ erarbeiten – Bestell-Nr. 12 879

Die Sonne

Unsere Sonne ist der Stern, der sich im Zentrum unseres Planetensystems befindet. Sie entstand vor etwa 4,6 Milliarden Jahren wie die meisten Sterne aus einer riesigen Staub- und Gaswolke. Die enthaltenen Gase sind dabei größtenteils Wasserstoff und Helium. Während es im Inneren der Sonne bis zu 15 Millionen Grad Celsius heiß werden kann, beträgt die Temperatur auf der Oberfläche fast 6000 Grad Celsius. Sie ist etwa einhundert Mal so groß wie die Erde und hat einen Durchmesser von 1,4 Millionen Kilometern. Die Sonne spendet uns Licht und Wärme und ist daher für unser Überleben unverzichtbar.

Schneide die Form auf der nächsten Seite und die Kärtchen unten aus. Klebe die Kärtchen hinter das richtige Feld der Form. Knicke die Teile nach hinten und klebe sie an dein Lapbook. Klebe den Text im Fünfeck in die Mitte.

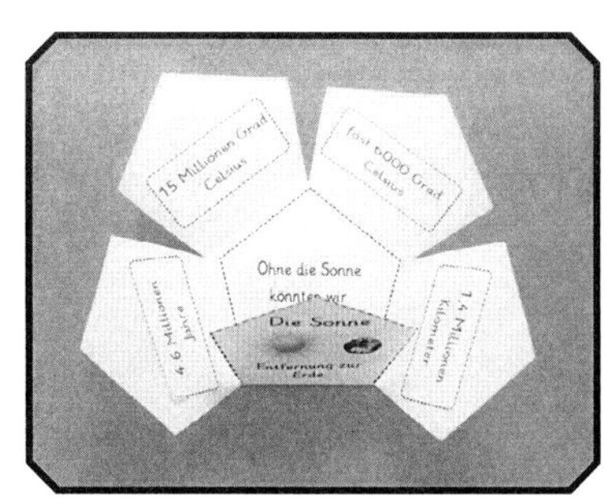

4,6 Millionen Jahre	15 Millionen Grad Celsius	150 Millionen Kilometer
fast 6000 Grad Celsius	1,4 Millionen Kilometer	

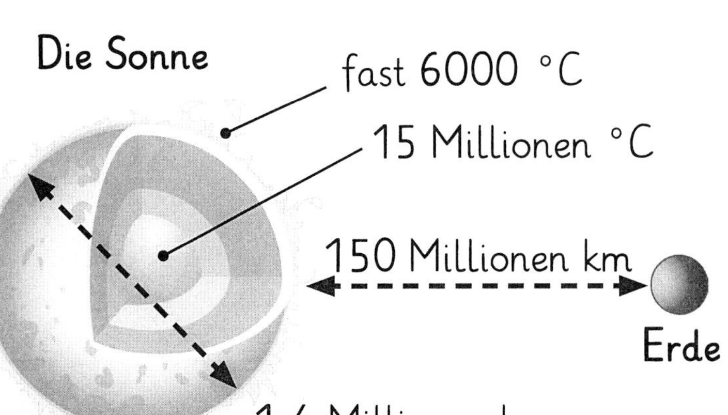

Ohne die Sonne könnten wir nicht leben.

Die Sonne

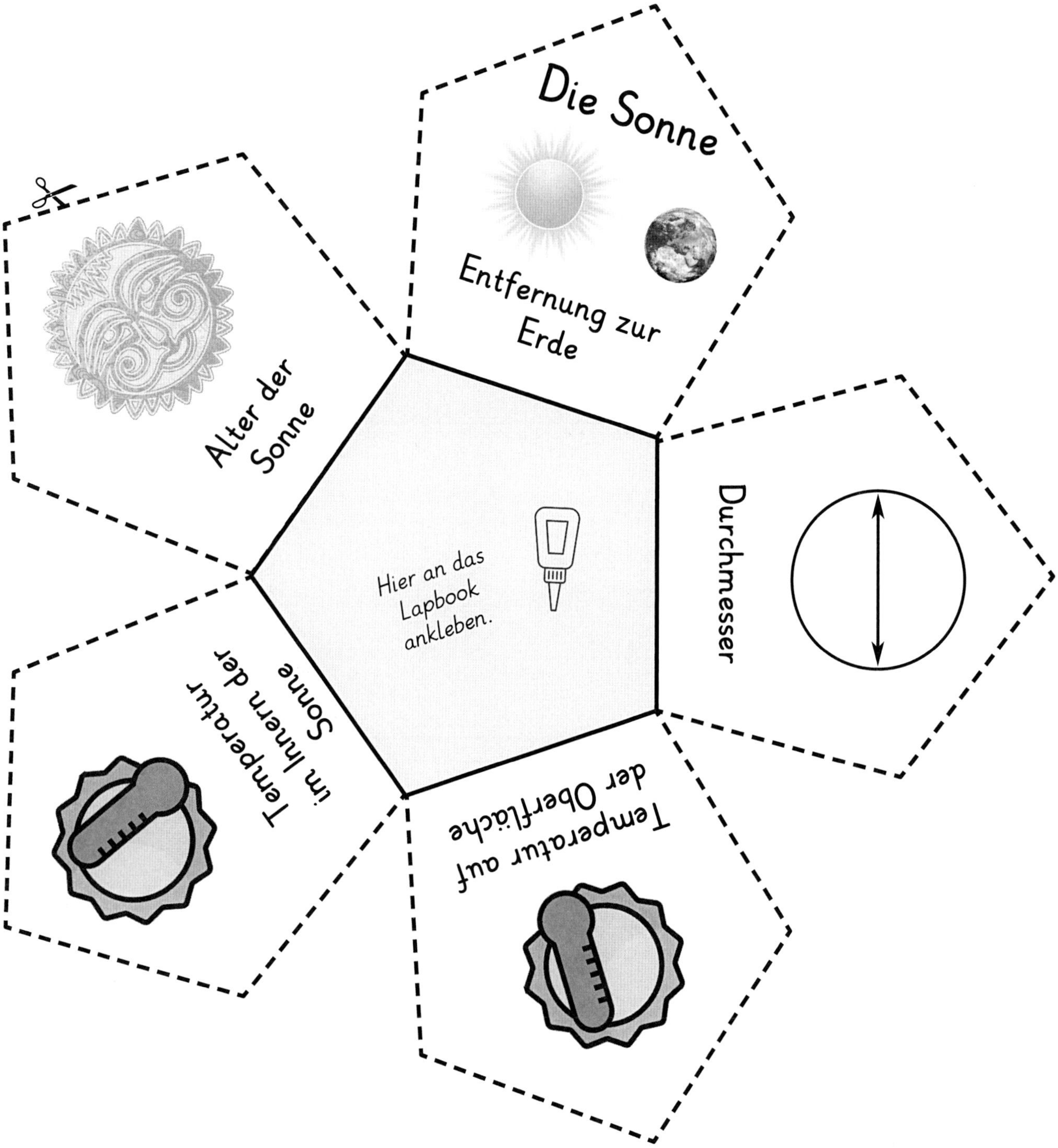

Die Sonne
Entfernung zur Erde
Alter der Sonne
Durchmesser
Hier an das Lapbook ankleben.
Temperatur auf der Oberfläche
Temperatur im Innern der Sonne

Lebenszyklus der Sonne
Heute
Graduelle Erwärmung
Roter Riese
Planetarer Nebel
Weißer Zwerg
Geburt
1
2
3
4
5
6
7
8
9
10
11
12
13
14
Milliarden Jahre
Nicht maßstabsgetreu

Lapbooks NaWi
Naturwissenschaftliche Themen kreativ erarbeiten – Bestell-Nr. 12 879
KOHL VERLAG

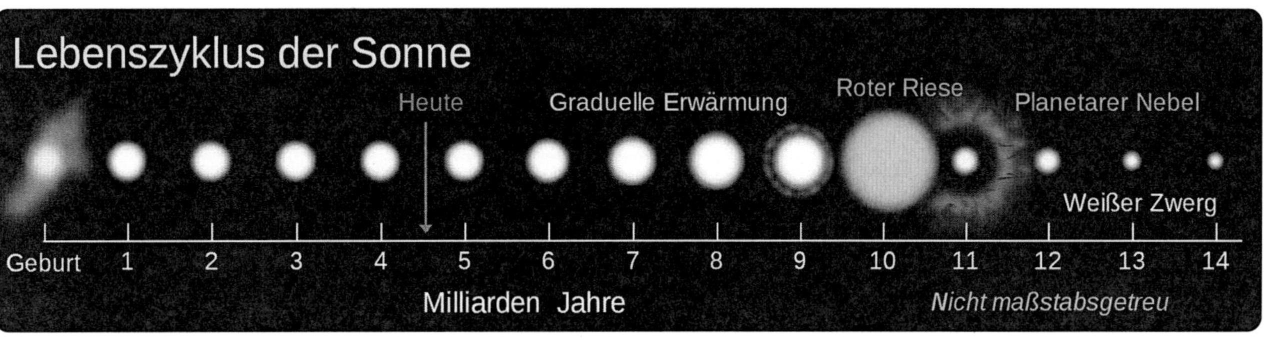

Der Mond

Schneide die Formen aus, falte die Form mit dem Mond an der durchgezogenen Linie nach hinten und klebe sie mit der Klebelasche an das Lapbook. Ergänze die Texte und klebe sie auf die innere Klebelasche und hinter das Bild vom Mond.

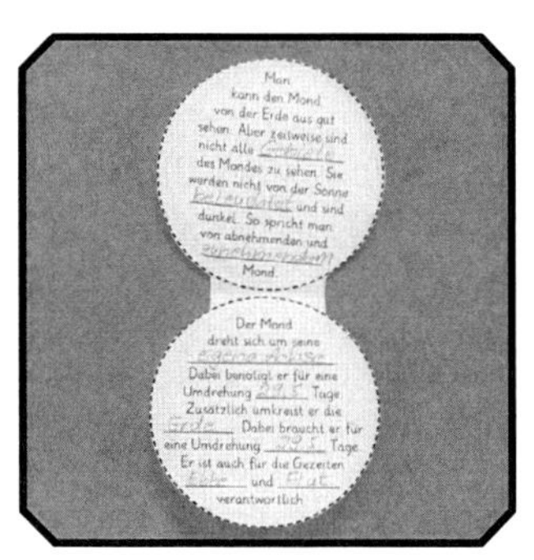

Hier an das Lapbook kleben.

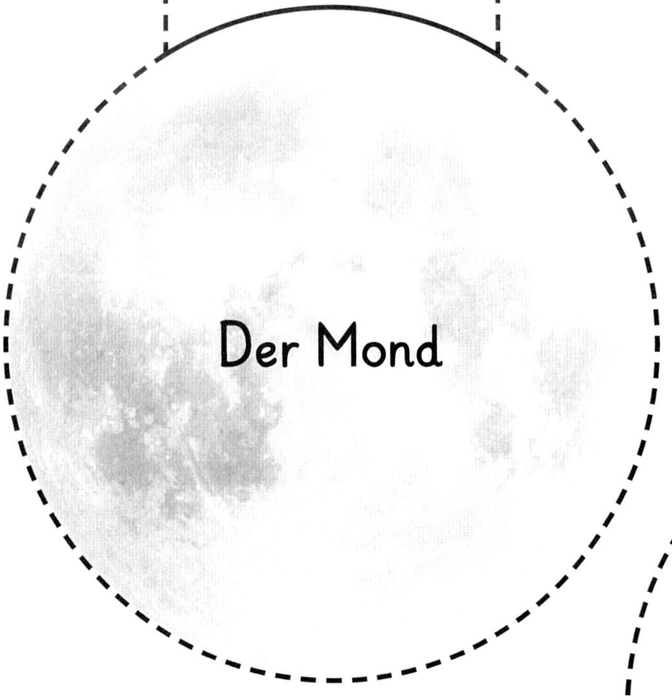

Der Mond

Der Mond dreht sich um seine ____________________. Dabei benötigt er für eine Umdrehung ________ Tage. Zusätzlich umkreist er die ____________. Dabei braucht er für eine Umdrehung ________ Tage. Er ist auch für die Gezeiten __________ und __________ verantwortlich.

Man kann den Mond von der Erde aus gut sehen. Aber zeitweise sind nicht alle ______________ des Mondes zu sehen. Sie werden nicht von der Sonne __________________ und sind dunkel. So spricht man von abnehmenden und ____________________ Mond.

Lösungen:
eigene Achse, 29,5, Erde, 29,5, Ebbe, Flut
Gebiete, beleuchtet, zunehmenden

Die Planeten

Schon seit Urzeiten beobachten die Menschen Sonne, Mond und Sterne. Lange Zeit bezeichneten Menschen alle Lichtpunkte, die über den Nachthimmel wanderten, als Planeten, ganz egal, ob es sich um Mars oder Mond handelte. Heute dürfen sich nur noch die großen Himmelskörper so nennen, die um die Sonne kreisen. Dazu gehören keine Monde, die ihrerseits einen anderen Planeten umrunden. Damit kreisen acht Planeten um die Sonne: Merkur, Venus, Erde, Mars, Jupiter, Saturn, Uranus und Neptun.

Schneide die Kärtchen unten aus. Schneide auch die Form auf der nächsten Seite aus und knicke die 8 Klappen nach innen. Klebe die Kärtchen passend in den Innenteil.

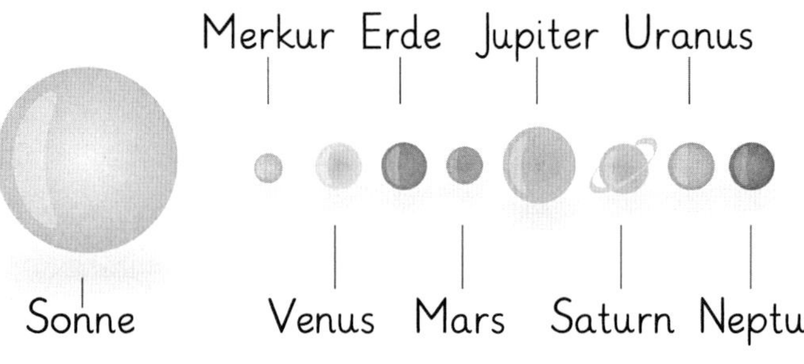

Merkur ist der kleinste Planet im Sonnensystem. Sein Durchmesser beträgt nur 4878 km.

Jupiter ist der größte der acht Planeten. Er ist etwa elfmal so groß wie die Erde.

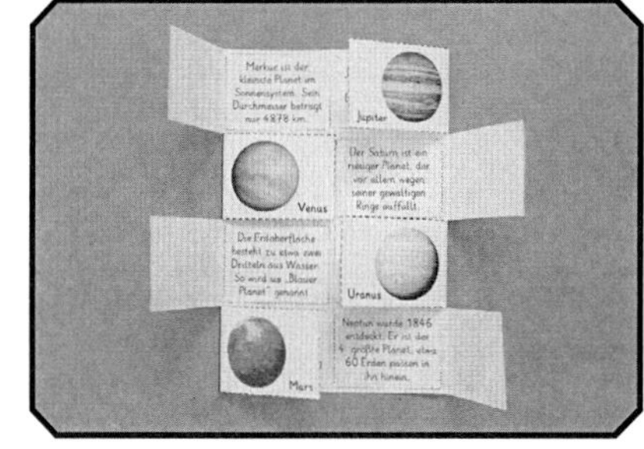

Die **Venus** ist nach Sonne und Mond der strahlendste Planet am ganzen Himmel.

Mars wird auch der Rote Planet genannt. Er besitzt zwei kleine, unregelmäßig geformte Monde.

Der **Saturn** ist ein riesiger Planet, der vor allem wegen seiner gewaltigen Ringe auffällt.

Die Oberfläche der **Erde** besteht zu etwa zwei Dritteln aus Wasser. So wird sie „Blauer Planet" genannt.

Neptun wurde 1846 entdeckt. Er ist der viertgrößte Planet, etwa 60 Erden passen in ihn hinein.

Uranus wurde erst 1781 entdeckt. Man kennt heute 27 Monde, die um ihn kreisen.

Lapbooks NaWi
Naturwissenschaftliche Themen kreativ erarbeiten – Bestell-Nr. 12 879

Die Planeten

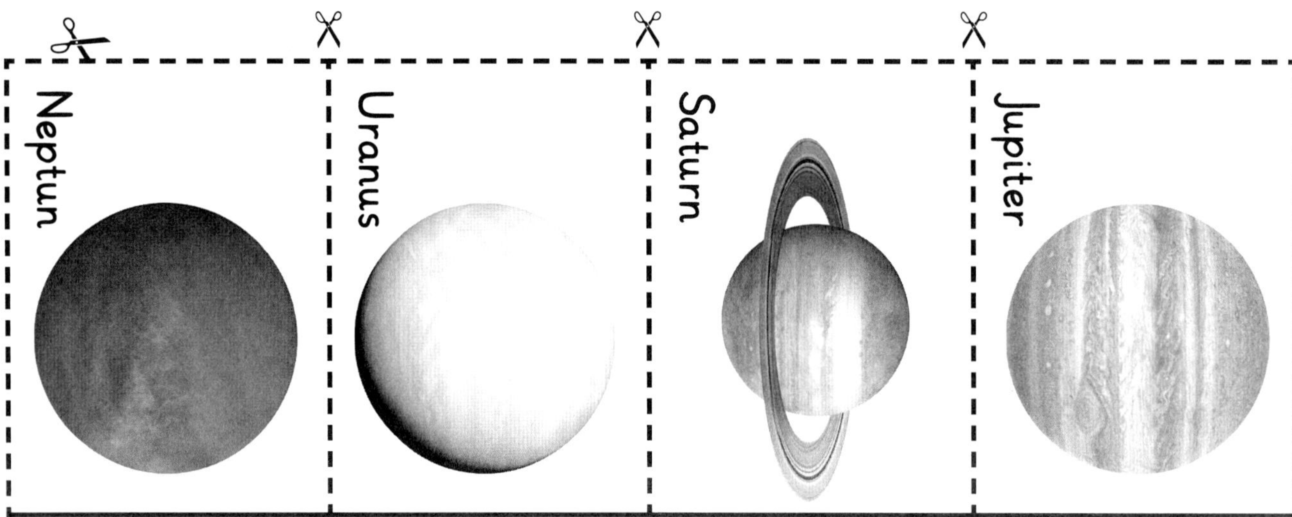

Hier an das Lapbook ankleben.

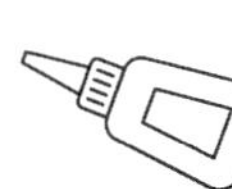

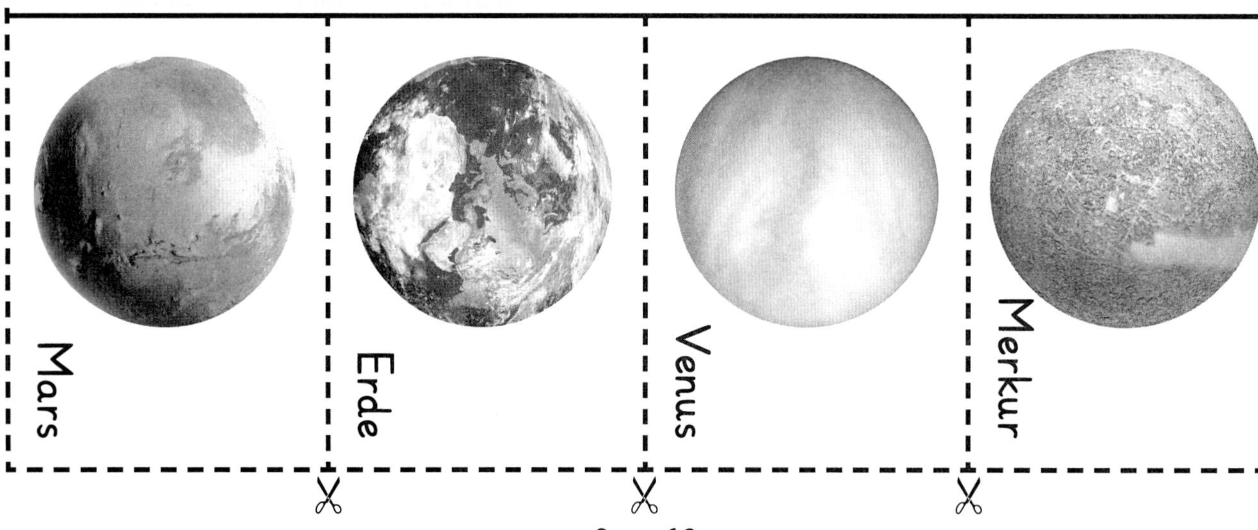

Wichtige Begriffe

Schneide die Mappe auf der nächsten Seite aus (mit 4 einzelnen Klappen) und falte sie an der durchgezogenen Linie nach hinten.
Klebe den langen Balken ganz rechts auf die Mappe. Ergänze die 4 Infotexte (Lösung ganz unten) und klebe sie jeweils links neben den Balken.

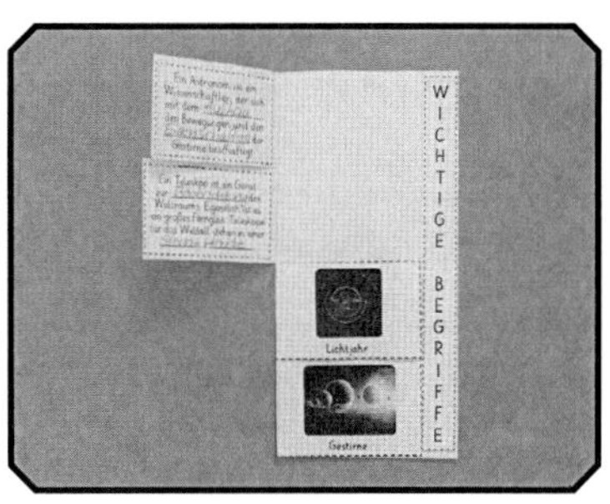

Ein Astronom ist ein Wissenschaftler, der sich mit dem ______________, den Bewegungen und den ________________ der Gestirne beschäftigt.

Es ist eine ____________________ in der Astronomie, die ________________, die das Licht im Laufe eines Jahres zurücklegt. Abkürzung: Lj

Ein Teleskop ist ein Gerät zur ______________ des Weltraums. Eigentlich ist es ein großes Fernglas. Teleskope für das Weltall stehen in einer ________________.

Das ist ein Sammelbegriff für alle ________________ wie ________________, Monde und Sterne.

W I C H T I G E B E G R I F F E

Lösungen:
- Aufbau, Eigenschaften,
- Beobachtung, Sternwarte,
- Längeneinheit, Entfernung,
- Himmelskörper, Planeten

KOHL VERLAG
Lapbooks NaWi
Naturwissenschaftliche Themen kreativ erarbeiten – Bestell-Nr. 12 879

Wichtige Begriffe

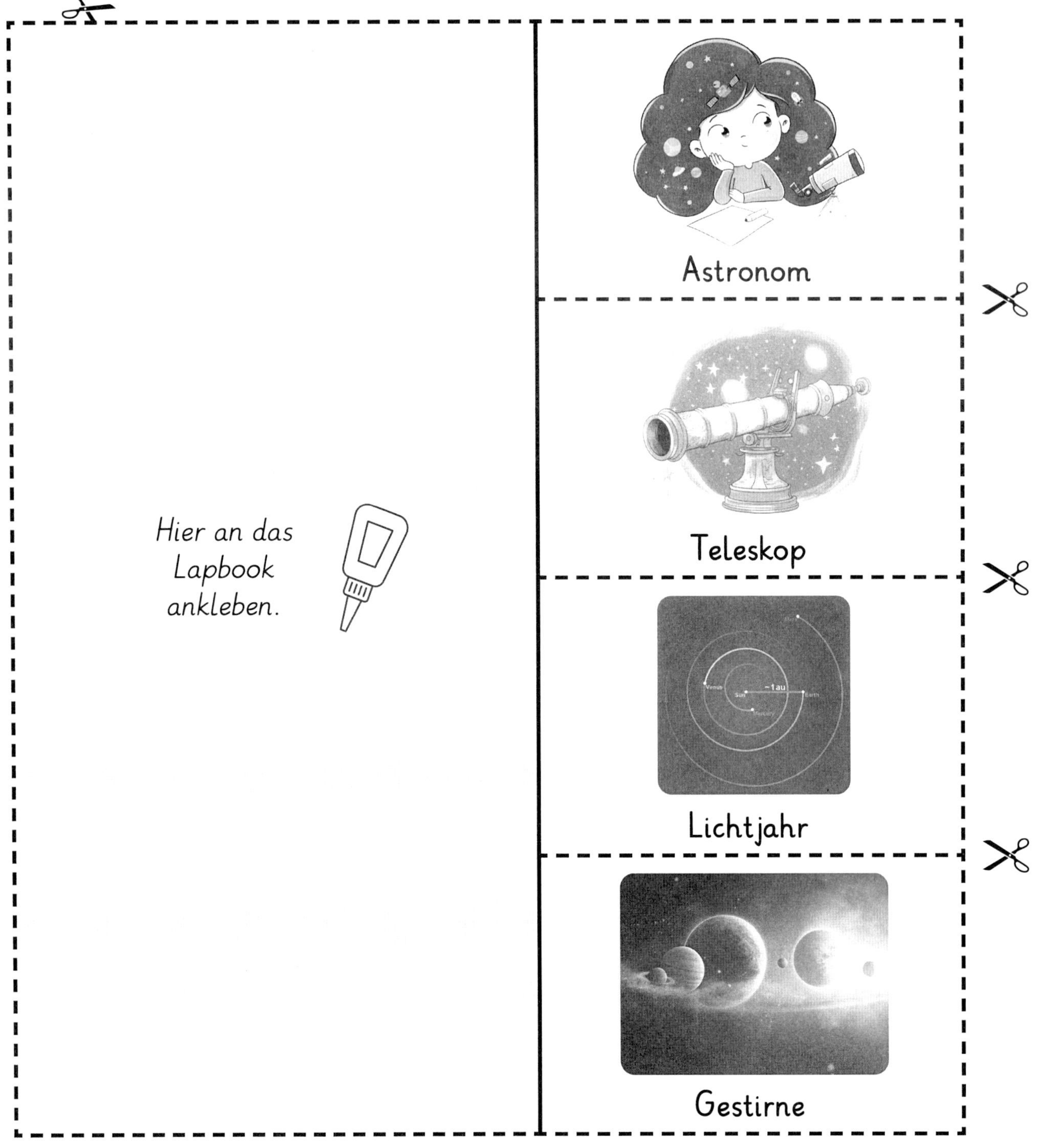

Raumstationen

Schneide die Tasche unten und die Bilder und Texte auf der nächsten Seite aus. Ergänze die Texte mit den folgenden Begriffen:

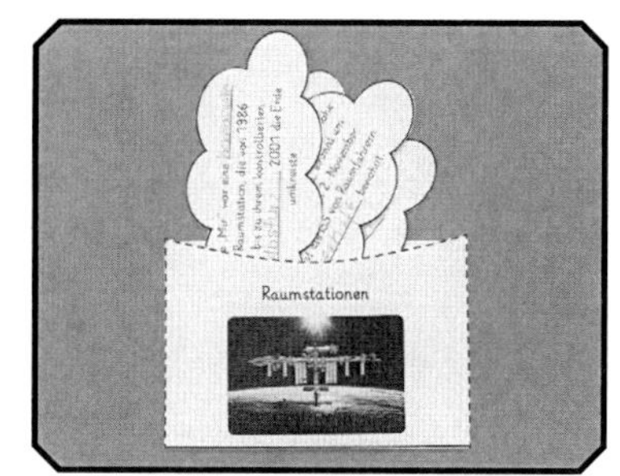

Raumstation • bemannte • Absturz • Sowjetunion • 93 Minuten • dauerhaft

Klebe die Bilder richtig auf die Rückseiten der Texte. Verwahre die Kärtchen in der Tasche unten.

Raumstationen

Klebelasche

Hier an das Lapbook ankleben.

Klebelasche

Raumstationen

Die chinesische Station Tiangong 3 umkreist zur Zeit ebenfalls die Erde. Am 3. November 2022 war die ____________________ betriebsbereit.

Mir (Frieden)

Saljut 1

Die „Mir" war eine ______________ Raumstation, die von 1986 bis zu ihrem kontrollierten ______________ 2001 die Erde umkreiste.

Saljut 1 war die erste Raumstation der Welt. Entwickelt und gebaut wurde sie in der ____________________.

Tiangong 3 – Himmelspalast

ISS – Internationale Space Station

Die ISS kreist in rund 400 km Höhe in etwa __________________ einmal um die Erde. Seit dem 2. November 2000 ist die ISS von Raumfahrern ________________ bewohnt.

Geschichte der Raumfahrt

Schneide die Kärtchen und das Leporello aus. Knicke das Leporello an den durchgezogenen Linien. Klebe die Kärtchen richtig zu den Jahreszahlen auf. Klebe dann das Leporello zu einer Ziehharmonika und klebe es in dein Lapbook. Gestalte die Rückseite des Bildes „1957" und ergänze die Überschrift „Die Geschichte der Raumfahrt".

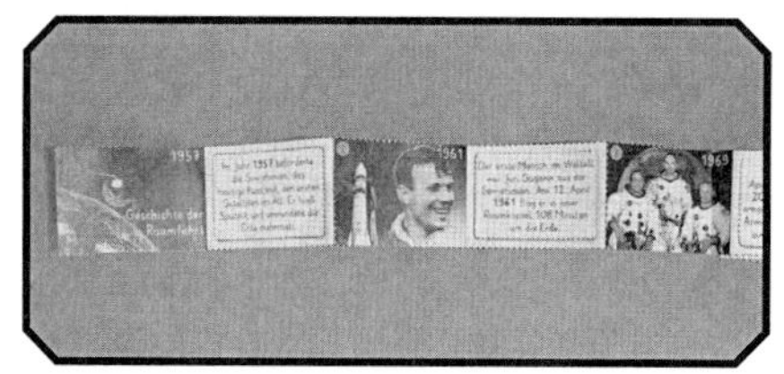

Im Jahr **1957** beförderte die Sowjetunion, das heutige Russland, den ersten Satelliten ins All: Er hieß Sputnik und umrundete die Erde mehrmals.

28. April **2001**: Dennis Tito heißt der erste Mensch, der nicht als gelernter Astronaut oder Kosmonaut, sondern als „Weltraum-Tourist" ins All reist.

Der NASA-Rover Curiosity erreicht **2012** den Mars. Er erkundet den „Roten Planeten" und findet weitere Beweise dafür, dass es dort einmal Wasser gegeben hat.

Russland beteiligte sich zusammen mit 15 anderen Ländern ab **1998** am Bau der ISS. Sie ist die erste internationale Raumstation und wird immer weiter ausgebaut.

Der erste Mensch im Weltall war Juri Gagarin aus der Sowjetunion. Am 12. April **1961** flog er in einer Raumkapsel 108 Minuten um die Erde.

Das Orion-Raumschiff fliegt **2022** zum Mond, umkreist ihn und kehrt sicher zur Erde zurück. Es ist der erste Testflug nach über 50 Jahren zum Mond.

1969 flog die Rakete Apollo 11 zum Mond. Am 20. Juli 1969 setzte der amerikanische Astronaut Neil Armstrong als erster Mensch einen Fuß auf den Mond.

Erstmals treffen sich **1975** Russen und Amerikaner im All: Dazu koppelt ein russisches Sojus-Raumschiff an ein amerikanisches Apollo-Raumschiff an.

KOHL VERLAG Lapbooks NaWi
Naturwissenschaftliche Themen kreativ erarbeiten – Bestell-Nr. 12 879

Geschichte der Raumfahrt

Geschichte der Raumfahrt

Linie nach hinten knicken

Linie nach vorne knicken

KOHL VERLAG Lapbooks NaWi Naturwissenschaftliche Themen kreativ erarbeiten – Bestell-Nr. 12 879

Überblick über die verschiedenen Lapbooks

Biologie

Chemie

Überblick über die verschiedenen Lapbooks

Physik

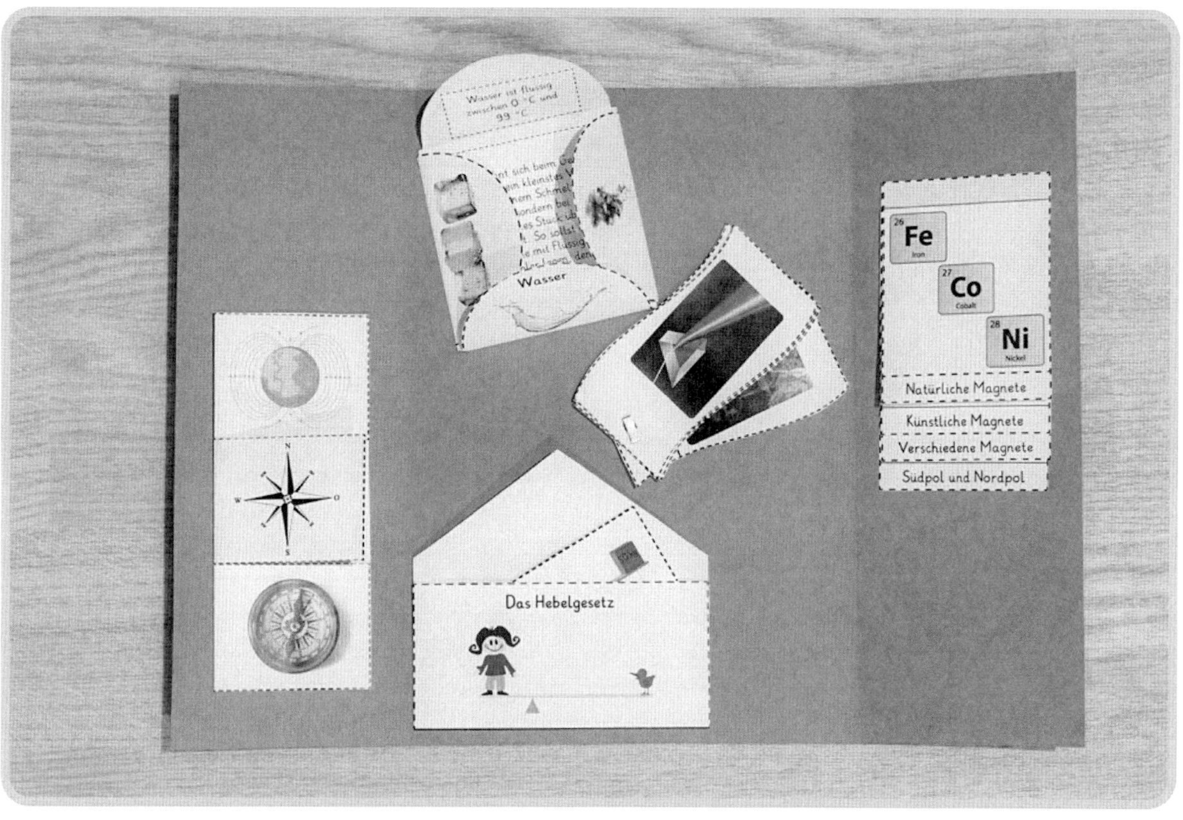

Astronomie

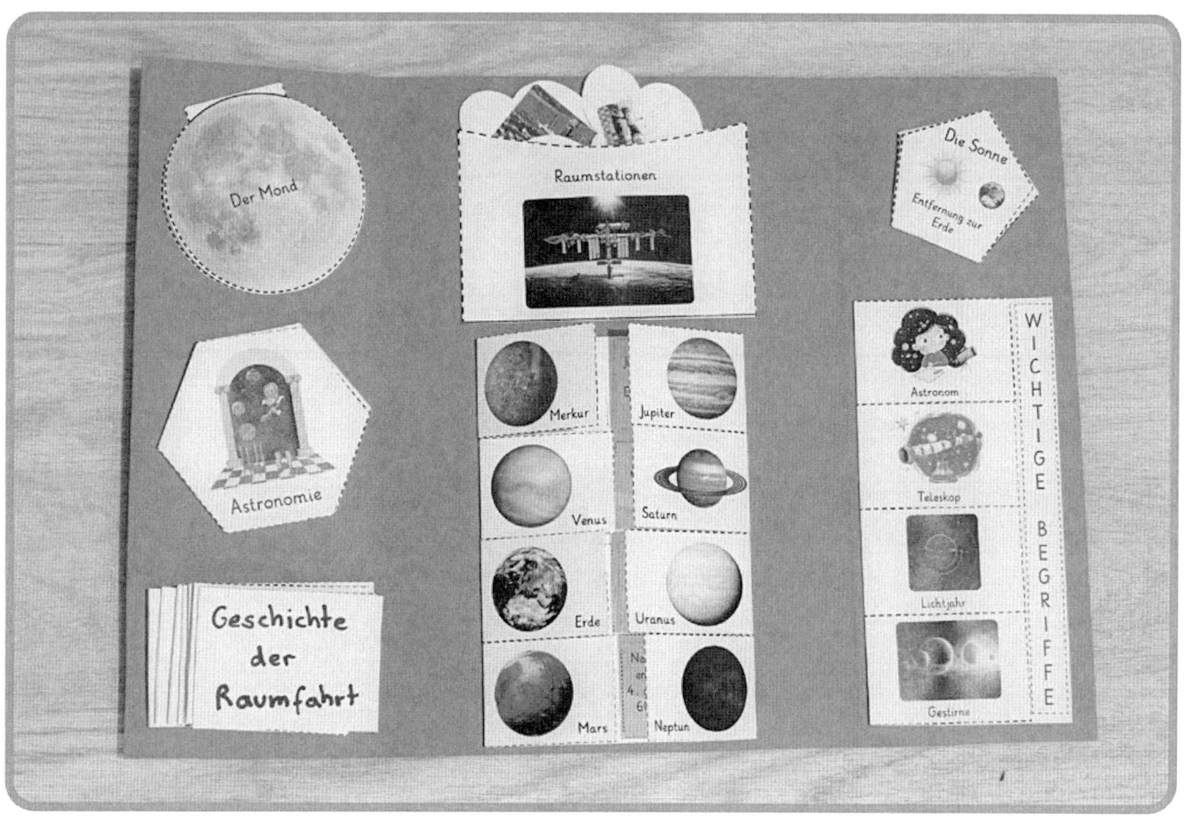

KOHL VERLAG
Lapbooks NaWi
Naturwissenschaftliche Themen kreativ erarbeiten – Bestell-Nr. 12 879

Bildquellen

© AdobeStock.com

S. 5: Jovi Ming; S. 6: godesignz; S. 8: Yoshimura; S. 10: Vikivector, Iryna, Iuliia, katerina_dav, Bezvershenko; S. 11: YG Studio, Zaleman, 인혜 갈, JackF, Klara Viskova, Alekss; S. 12: fussan; S. 13/14: Tenstudio; S. 15: Idey; S. 16: Tenstudio, Iuliia; S. 18: Iuliia, svaga, thoif, bilderzwerg, marsela564, Sebastian Kaulitzki, Anna Velichkovsky; S. 19: piai, Reimar, JuergenL, Soonthorn; S. 20: Les, Iuliia, Bernd Jürgens; S. 21: Nitr; S. 22: Iuliia, Eric Isselée, YK, PACO COMO, Tatiana, PNG-Universe, slawomir366, JGade, Robin, Adrian; S. 23: Iuliia, Holger T.K., bennytrapp, JGade, Dmitry, Vitalii Hulai; S. 24: Phimak, bennytrapp; S. 25: Danny, Iuliia, Vitalii Hulai, John Kasawa, Eric Isselée; S. 26: Alexander Raths; S. 27: Good Studio, Iuliia, Aldona, Sebastian Kaulitzki, Alexander Raths, Monika; S. 28: sababa66, Shanvood, Otto Durst, victoria p., Boroda, drubig-photo, euthymia, emuck, womue, dottedyeti, Jana Kollarova, sommai, Sönke Hayen, snesivan, Mist, New Africa; S. 29: Iuliia; S. 30: Ployker; S. 31: VecorMine; S. 32: Iuliia, Eakglory, generalfmv, SAMYA, fejas; S. 33: Peter Hermes Furian, Nop; S. 34: natros, mangpor2004, carlos bcn, M. Schuppich, Iuliia; S. 35: LuckySoul, Iuliia; S. 36: Peter Hermes Furian, yvdavid; S. 37: the first, suongu; S. 38: Jovi Ming; S. 39: Iuliia, Veysel.a; S. 40: Iuliia, top images, aicandy, niwat; S.42: Iuliia, TTstudio, Guzal Arislanova, vxnaghiyev, photka, ImageFlow; S. 43: tang90246; S. 44: Sebastio, chatuporn; S. 45: phive2015, Iuliia, Liliia, Medard, Hungarian; S. 46: Sakura; S. 47: Iuliia, Peter Hermes Furian, tang90246, Andrii, Bernd, Glitter_Klo, sergnester; S. 49: MarkRademaker, Tatiana, Firat; S. 50: Peter Hermes Furian; S. 51: Iuliia, brgfx, languste15, sunnychicka, Iryna; S. 52: thingamajigs, GraphicsRF; S. 53: LuckySoul, Tatyana, Peter Hermes Furian, robert6666, Anatolii, WaQar, Peter Jurik; S. 54: Iuliia, blueringmedia, thingamajiggs; S. 55: Christos Georghiou; S. 57: Iuliia, kolonko, electriceye, blueringmedia; S. 58: LuckySoul; S. 59: Iuliia, kolonko, max dallocco, Siarhei, Thaitae, difinbeker; S. 60: Iuliia, reginast777, estherpoon; S. 61: Kaesler Media; S. 62: dottedyeti, Iuliia, ALEXANDR YURTCHENKO, elen31, nerthuz, Bikej Barakus, max dallocco; S. 63: sabelskaya; S. 64: Iuliia, malosdedos, Igor, safia; S. 65: Iuliia, dimazel; S. 66: alejomirandam; S. 68: Yuriy, cityanimal, Iuliia; S. 69: dimazel, Iuliia;

© wikipedia.com

Die Bilder aus Wikipedia auf den Seiten 26, 38, 49, 56, 59, 62, 64, 66, 68, 69 sind gemeinfrei

© Gabriela Rosenwald

Illustrationen auf S. 13/14